이 책을
사랑하는 딸 세린과 세은에게

알고 가면
미술관엔
그림이 있다

알고 가면 미술관엔 그림이 있다

1판 1쇄 발행 | 2008. 5. 23
2판 1쇄 발행 | 2015. 3. 25

지은이 | 이일수
본문디자인 | 토월기획
펴낸이 | 박옥희
펴낸곳 | 도서출판 인디북

등록일자 | 2000. 6. 22
등록번호 | 제10-1993호
주소 | 서울시 마포구 마포대로 11나길 6(염리동)
전화 | 02)3273-6895
팩스 | 02)3273-6897
e-mail | indebook@hanmail.net

ⓒ 2008, 이일수
ISBN 978-89-5856-142-2 03370

「이 도서의 국립중앙도서관 출판예정도서목록(CIP)은 서지정보유통지원시스템 홈페이지(http://seoji.nl.go.kr)와 국가자
료공동목록시스템(http://www.nl.go.kr/kolisnet)에서 이용하실 수 있습니다.(CIP제어번호: CIP2015008162)」

알고 가면
미술관엔
그림이 있다

부모와 교사들의 알고 가는
즐거운 미술관 나들이

이일수 지음

인디북

알고 가면 뜨거운 미술, 모르고 가면 차가운 미술

저는 하나코 갤러리 관장이자, 두 딸의 엄마이며, 부끄럽기는 하지만 지금까지 여러 권의 예술서를 써 온 작가입니다.

갤러리를 열기까지 갤러리 마니아로 20여 년을 살아오고 있는데, 그 이유가 그림 그리는 사람이라는 단순한 1차적인 이유보다는 그 이상의 이유가 있습니다.

미술관에서 작품을 만나면 우선은 마음이 너무 편안하고, 그 안에서 살아가는 지혜를 배우고, 긍정의 힘을 얻기 때문이지요.

관람자인 저의 자세에 따라선, 그날그날의 전시장에서 만나는 미술은 너무 멋진 세계였고, 재미있는 장난감처럼 호기심을 주며 저를 개구쟁이로 만듭니다.

미술은 많은 것을 얻을 수 있는, 그야말로 버릴 것이 하나도 없는 보물!

갤러리 마니아인 저에게서 두 아이가 태어났는데, 그들과 함께하면서 쉽고 재미난 미술관 나들이를 위해 눈높이를 낮추었지요. 그러면서도 그 미술관 안에서 얻을 수 있는 것은 유·무형의 형태로 백 퍼센트 흡수하는 새로운 갤러리 마니아로 다시 태어나게 됐어요. 더불어 두 아이도 또래 아이들에 비해 일정 수준 이상의 심미안적 안목이 생기고 있지요.

이것은 멋진 작품을 대하는 우리의 자세까지 생각했기 때문입니다.

그렇다면 미술 비전공자인 저 많은 분들은 어떻게 미술관에 들어갈까요?

세상이 바뀌고 있어서, 그래서 미술세계까지 급변하고 있기 때문에 아직도 너무 어렵고, 주눅이 들어 있는 듯합니다. 그 많은 미술관에서 좋은 전시회가 열려도, 세상에 똑똑한 예술서들이 넘쳐나도 미술, 그것을 아직도 멀게만 느끼는 것입니다.

전시회를 가기는 가는데, "어떻게 해야 할지를 모르겠다."는 말을 참 많

이 들었습니다.^^

딱히, 누구에게 묻기도 그렇고, 물어도 되는 건지조차 난처하다는 말도 많이 들었습니다.

참으로 많은 분, 아이를 데리고 온 엄마들이나 아빠들, 학생들, 학교 선생님들, 취재 온 기자님들, 은행 지점장님, 변호사님, 의사 선생님, 또한 나의 친한 벗들…… 그 계층은 다양하지만 모두 제게 한결 같은 질문을 합니다.

해서 갤러리에서 시간이 날 때마다 별것도 아닌, 그러나 별거가 될 수 있는 나름의 짧은 글을 갤러리 서비스 차원에서 몇몇 분들께 나눠 드렸는데, 더 많은 분들이 읽고 싶어 하셔서 이렇게 책으로 만들어 함께하고자 합니다. 경험을 살려서 최대한 쉽고 재미있게 썼습니다. 읽고 난 사람들에게 부디 작은 도움이 되어 그들이 미술관에서 당당해졌으면 좋겠습니다.

이 책이 나오기까지 언제나처럼 옆에서 큰 응원을 해 준 햇살 같은 가족들에게 감사하고, 게재된 작품 사진을 입수하는 과정에서 바쁘신 중에 세세한 조언을 해 주신《PUBLIC ART》홍경한 선생님께도 감사드리며, 좋은 책이기 위해 함께 애쓰시며, 욕심 많은 필자 때문에 고생 많으셨던 인디북 출판사 편집부 여러분께 감사드립니다. 여러분 모두를 사랑합니다.^__^

2008년 5월 하늘빛 고운 날에…

이일수

차 례

제1전시장 속으로
미술관 나들이,
어떻게 할까

오랜만에 온 가족이 전시회에 가기로 했어요. 어떤 전시장으로 가면 좋을지 용기를 모아 이야기를 해 봅니다. 대부분의 가족들이 미술관에 막연한 거리감을 느끼고 관심을 그렇지, 세상에는 재미있는 작품도 넘치고, 훌륭한 작가도 넘치고, 그러므로 멋진 전시회를 열고 있는 전시장도 넘쳐 납니다. 이들 미술장은 다양한 볼거리의 전시회를 기획 여러분을 맞이할 준비가 되어 있답니다. 하지만, 대개는 전시장 나들이가 어린이 낯설기만 하고, 그 깊은 전시회 좀 어디를 가야 좋을지 막막해지지요. 전시장 나들이를 하고 싶은 라면 TV나 신문 등에서 자주 언급되는 전시회를 찾는 것이 대부분이 아닐까 싶어요.

오랜만에 온 가족이 전시회에 가기로 했어요. 어떤 전시장으로 가면 좋을지 용기를 모아 이야기를 해 봅니다. 대부분의 가족들이 미술관에 막연한 끼고 관심을 두지 않아서 그렇지, 세상에는 재미있는 작품도 넘치고, 훌륭한 작가도 넘치고, 그러므로 멋진 전시회를 열고 있는 전시장도 넘쳐 납니다 장은 다양한 볼거리의 전시회를 기획해서 언제든지 여러분을 맞이할 준비가 되어 있답니다. 하지만, 대개는 전시장 나들이가 어린이 낯설기만 하고, 그 회 줄 어디를 가야 좋을지 막막해지지요. 전시장 나들이를 하고 싶은 가족이라면 TV나 신문 등에서 자주 언급되는 전시회를 찾는 것이 대부분이 아닐까

제2전시장 속으로
미술관의 비밀

제3전시장 속으로
알아야 더 보인다

제1전시장 속으로

미술관 나들이, 어떻게 할까

추적 60분! 전시회 너 딱 걸렸어
전시회 미리보기하다 웬 세계사 공부?
미술관 나들이, 몇 살에 시작할까요?
우리 집 떼쟁이의 미술관 나들이
50%의 엄마 아빠가 하는 말 "자, 아들아 봐라"
미술 감상의 최고 도우미는 엄마 혹은 아빠
여러분도 혹시 요주의 관람객?
물감 냄새까지 생생하게 느껴요
공부 못하는 사람들이 그림을 그린다고?
단골 미술관, 그게 남는 발걸음
한 장소 두 가지 재미? 마당 넓은 미술관
가까이 하기엔 너무 먼~ 그림
11세 꼬마, 용돈 모아 그림을 사다
어린이는 그림을 보며 미래를 보고요~
미술 속에서 자란 아이, 그만의 세상보기가 있어요
박물관, 미술관, 화랑의 차이점은 무엇인가요?

추적 60분! 전시회 너 딱 걸렸어
우리 가족에게 맞는 전시회는 따로 있어요

　오랜만에 온 가족이 미술관 전시회에 가기로 했어요. 어떤 미술관으로 가면 좋을지 옹기종기 모여 이야기를 해 봅니다.

　대부분의 가족들이 미술관에 막연한 거리감을 느끼고 관심을 두지 않아서 그렇지, 세상에는 재미있는 작품도 넘치고, 훌륭한 작가도 넘치고, 그러므로 멋진 전시회를 열고 있는 미술관도 넘쳐 납니다. 이들 미술관은 다양한 볼거리의 전시회를 기획해서 언제든지 여러분을 맞이할 준비가 되어 있답니다.

　하지만, 대개는 미술관 나들이가 여전히 낯설기만 하고, 그 많은 전시회 중 어디를 가야 좋을지 막막해하지요. 미술관 나들이를 하고 싶은 가족이라면 TV나 신문 등에서 자주 언급되는 전시회를 찾는 것이 대부분이 아닐까 싶어요.

일단은 가족과 함께 컴퓨터 앞에 앉아 익숙한 미술관 이름들을 차례대로 검색해 보세요. 각 미술관에서 어떤 전시회가 열리는지 직접 알아보는 거예요. 아, 전시장 홈페이지가 열리면 즐겨찾기에 추가해 놓고 평소에도 전시 정보를 수시로 찾아보세요.^^

아니면, 전시회를 다녀온 가까운 분들이 추천했던 전시회나, 또는 우리 막내가 요즘 자주 이야기하는 호기심 단어들을 넣어서(한 예로 '자동차 전시회', 혹은 '인형 전시회' '아이와 함께 가 볼 만한 전시회') 인터넷 검색창에 치면 그와 관계되는 여러 사이트가 소개될 거랍니다.

전시회는 여러분이 생각하는 그 이상으로 소재도 주제도 다양해요. 바비인형전, 스머프전, 꽃전, 사탕전, 자동차전, 고흐전, 피카소전 등 셀 수도 없을 만큼 많은 전시회가 있답니다.

그러나 아무리 좋은 대형 전시회라도 준비 없이 막연하게 길을 나서는 것은, '집을 나서니 고생이더라.'는 피로감과 여전히 낯설기만 한 전시장 그 이상일 수가 없어요. 미술관 나들이를 위해 컴퓨터 키보드를 치는 것도, 마우스 클릭도 미술관 가기 제일 싫어하는 우리 아이에게 직접 하게 한다면, 가고자 하는 전시회와 50%는 이미 친해졌

다고 봐야죠. 준비 없는 깜짝 미팅 같은 관람은 정말 재미도 없고, 효과도 없어요.^^

전시회 선택이 가족들의 작은 노력에 의해 이루어진다면 의미도 크고 더 신난답니다. 자, 오늘은 막내에게 컴퓨터 사용금지 시간을 풀고, 이렇게 말해 보세요.
"막내야, 검색창에 '미술관' 이라고 쳐 줄래~^^*"

전시회 미리보기하다 웬 세계사 공부?

하나를 알려고 하니 열이 보이네요

자, 오랜만에 한 가지 공통 주제를 가지고 가족 간의 친목을 다지며, 가고자 하는 전시회가 결정이 났어요.

이제부터는 무엇을 계획해야 할까요.

"그날, 미술관 다녀오는 길에 외식하고 들어오자."

"너희들이 끝까지 조용히 관람을 잘하면 오는 길에 맛있는 거 사 줄게."

"글쎄 너희들이 하는 거 봐서 메뉴가 달라질 거야, 알았지."

분명 이런 대화를 나눌 겁니다. 그래요. 미술 작품을 감상한 후 먹는 음식은 그 맛이 한결 더 깊겠지요.

하지만 한 가지만 더 해요. 좋은 관람 태도에 별 다섯 개는 받을 수 있는 진지함이 그날 먹을 맛있는 음식의 선택에 더 큰 영향력을 발휘할 겁니다.

전시회가 정해졌다면 이제 미술관 홈페이지에서 해당 전시회의 기획 의도나 참여 작가에 대해서도 읽어 보고, 체험 행사는 어떤 것이 준비되어 있는지도 알아보아요. 볼거리, 읽을거리를 찾아 미리 1차 관람을 하자고요.

마음에 드는 작품 이미지가 있으면 그 작품을 기억해 두었다가 실제 전시장에서 찾아보는 기분만은 '소풍 가서 하는 보물찾기'의 기쁨과 다를 바 없을 거예요.

그땐 아이에게 이렇게 속삭여 보세요. "우리 지금 본 전시 작품들 중에 마음에 드는 몇 가지를 기억했다가, 전시회에 가서 직접 찾아내기로 하자."

전문 미술용어가 많고, 잘 모르는 내용 때문에 읽는 리듬이 자꾸 끊긴다면 메모장과 연필을 준비하세요.

예를 들어 2007년 예술의 전당에서 열린 〈오르세 미술관전 '만종' 과 거장들의 영혼〉의 전시 개요를 읽어 보면서 메모장에 콩알 골라내듯이 써 주세요.

오르세 미술관, 인상주의, 고흐, 만종, 마네, 피리 부는 소년, 보나르, 드니, 세잔, 타히티, 고갱……. 보세요, 엄청 많지요?

그런 다음 사전에서도 한번 찾아보세요.

이런 식으로 하면 한 달에 네 번 가서 액자만 보고 오는 듯한 형식적인 나들이보다, 일 년에 네 번을 가도 그림을 그림답게 보고 오는 속이 꽉 찬 나들이가 된답니다.

이건 개인적인 이야기지만, 우리 가족은 일정에 있는 전시회에 가려면 '전시회 추적 60분' 하다가 역사 공부, 세계사 공부, 지리 공부까지 다 한답니다. 그래서 관람료가 비싼 대형 전시회를 가면 갈수록 미술 용어도 아는 것이 꽤 많아지고, 점점 더 쉽고 재미있어집니다.

오랜 미술관 나들이에서 남는 것은 결코 미술에 대한 지식뿐만이 아니랍니다.^^*

미술관 나들이, 몇 살에 시작할까요?
세 살에 시작한 미술관 관람, 평~생

"미술관 나들이는 몇 살부터 하는 것이 좋은가요?"

제가 학생 지도 선생님들이나, 엄마들에게서 가장 자주 듣는 질문 중의 하나입니다.

아이들의 성격이나 특성에 따라 그 시기는 저마다 달라질 수 있어서 미술관 나들이에 적절한 기준 연령은 없는 것 같아요. 다만 미술을 일상적인 생활처럼 받아들이게 하기 위해서 좀 일찍 시작하는 것이 좋을 것 같네요.

요즘은 초등학교에서부터 미술관 체험학습 숙제가 필수이기 때문에 떠밀리듯이 와서 '노트 필기를 위한 감상'만 하다가 갑니다. 이런 경우는 작은 전시장에서조차도 스스로의 쑥스러움과 생소한 분위기 때문에 반 바퀴만 돌다 나가는 경우도 많아요.

이렇게 숙제라는 참 재미 없는 관람 동기로 미술관 나들이가 시작되는 것도 그렇고, 이미 신체적 활동이 왕성해지는 초등학생들에게는 정적인 시각예술이 지루하고 재미없는 것으로 여겨질 수 있으므로 늦은 감이 있지요.

어른들은 인생을 좀 살았기에 그것에서 풀어져 나온 예술을 '깊은 지식이 필요하다.'라고 생각되어 어려워하는 것이지, 재미없다고 생각하는 것은 아니랍니다.^^ 오히려 학창시절 이후 누구나 한번씩은 가져 봤음직한 그림을 더 그려 보고 싶은 이루지 못한 꿈, 마음을 풀어내는 방법으로써 그림에 대한 막연한 향수가 많지요.

하지만, 아이들의 미술에 대한 시각은 어른들과는 달라서, 손으로 마음

대로 끼적이는 멋진 낙서화 정도일 뿐이므로, 미술관 나들이를 몸과 마음에서 자연스럽게 받아들이게 하기 위해서는 말문이 트이는 서너 살부터가 제일 좋은 것 같아요.

아이가 말을 시작하면 벽에 한글 포스터며 숫자 포스터를 붙여 가르치거나 동화책을 읽어 주듯이, 이 시기에 미술관 나들이도 한번 생각해 보는 것은 어떨까요?

전시장에는 동화책에서 보아 오던 그림보다 훨씬 더 크고 선명한 그림이 있기 때문에 아이와 함께 이야기를 풀어내기에 참 좋아요. 조곤조곤 이야기를 나누다 보면 전시장의 예절도 자연스럽게 배울 수 있습니다.

이때 중요한 것은, 처음부터 욕심을 부려 너무 많은 작품을 이야기하지 말아야 한다는 거예요. 미술관이 지루한 잔소리의 전당쯤으로 인식되면, 아이는 미술관 나들이에 싫증을 느낄 수도 있답니다.

아이가 특히 관심을 보이는 한두 점 앞에서만 이런저런 이야기를 나누고, 나머지 그림에는 천천히 발걸음을 옮기며 눈길만 주세요. 전시장 조명은 몇몇 전시회를 제외하고는 조금 어두워, 아이들도 아늑함과 안정감을 느낀답니다.

떼쟁이가 아니라면, 세 살짜리라도 일찍부터 미술관 나들이 습관을 가지도록 하세요.^^

우리 집 떼쟁이의 미술관 나들이
아이의 컨디션이 최상일 때!

도착한 지 5분도 채 안 되어 빨리 나가자고 떼쓰는 꼬마 친구들이 있습니다. 아이들이 떼쓰는 것은 나라님도 못 말리는 것을 어찌할까요.^^

이상하게도 떼쟁이의 엄마들은 대부분 모기 한 마리도 못 죽일 것 같은, 너무나 조용한 성품들로 아이를 참 버거워합니다.

전시장에 들어서기 전부터 이미 꼬마 친구한테 시달림을 받은 듯, 얼굴에 지친 기색이 역력하고, 또한 집이 아닌 밖에서 그것도 미술관에서 이러니 소리쳐 혼내지도 못하고, 참 난감해하지요.

그런 모습을 볼 때는 엄마가 가여워지기까지 합니다.

엄마는 그래도 우리 아이에게 도움이 될까 하여 데리고 나왔는데, 그런 엄마 마음을 아는지 모르는지 아이는 자꾸 짜증만 내고 있으니까요.

우리 집 떼쟁이의 미술관 나들이, 이렇게 하면 어떨까요?

미술관 가기 전에 우리 아이가 하루 중 어느 때 컨디션이 제일 좋은지, 언제가 낮잠 시간인지를 따져 보세요.

타고난 성격이야 어쩔 수 없지만, 어른이나 아이들이나 그날의 기분과 피로 정도에 따라서 컨디션의 덜하고 더함이 있는 법입니다.

가끔 보면 미술관 나들이 전에 왕성한 신체 활동이 섞인 다른 일정을 마치고 오는 엄마들이 있는데, 계속 흥분상태였던 아이들이 전시장에 들어섰다고 해서 갑자기 조용한 정서로 돌아가기도 쉽지 않지요. 또 이런 경우에는 피로감으로 인해 화를 더 잘 내더군요.

그래서 이왕이면 컨디션이 아주 좋을 때 나들이의 첫 순서로 미술관을 잡는 게 좋습니다.

또한, 이유 없는 짜증은 없으므로 아이가 배고픔을 못 참는 성격인데 밥 시간이 지난 것은 아닌지, 날씨에 비해 너무 많이 껴입어서 더워지자 짜증이 난 것은 아닌지 잘 살펴보세요.

전시장에 오기 전에 이러한 사항들을 꼼꼼히 체크해 보아야 합니다. 그런데 이런 이유보다는 그날의 과한 여러 일정 때문에 아이가 졸린 상태라서 그런다면, 아쉽지만 미술관 나들이는 나중으로 미루고 그냥 집으로 돌아가세요.

엄마들은 나온 김에 그간 미뤘던 일정들을 한꺼번에 다 해치우려고 드는데 그러다 보면 온순하던 아이까지도 떼쟁이 아기 사자로 변한답니다.^^

미술관 나들이는 아이들의 컨디션이 최상일 때!!

50%의 엄마 아빠가 하는 말 "자, 아들아 봐라"

아이들만 미술관에 내버려두어서는 안 되는 이유

"자, 아들아, 봐라."

"봐라."

"조심해서 봐라. 엉?"

"볼 수 있지?"

"잘 보고 저 안쪽 휴게실로 와라."

미술관에서 누가 그럴까 싶지만, 50%의 엄마, 아빠가 이렇게 합니다.^^*

이 책을 읽고 있는 엄마, 아빠를 뺀(하하^^) 나머지 50%의 엄마, 아빠는

전시장에 들어서면 목욕탕에서 목욕비를 지불하고, 여탕과 남탕 사이에서

가족들이 갈라서듯이, 커피숍에서 흡연자와 비흡연자가 갈라서듯이, 갑자기 따로따로 '나 몰라 패밀리'가 되는 경우가 많아요.

아이들 입장에서 보면 그 어려운 공간, 재미없는 공간에 들어서면서 도움의 말 한마디 없이 갑자기 큰 의무가 주어지는 것입니다. 엄마나 아빠는 아이를 그렇게 방치하고는 데스크 위에서 다른 뭔가를 찾든가, 전시장을 대충 죽 훑고는, 휴게실에 일찌감치 자리를 잡고 휴대폰으로 자랑스럽게 통화하세요.

"으~웅, 우리 가족은 전시장에 왔어. 으~음 나는 잘 모르지만 재미있는 전시 같아."

"……."

"아냐, 아이는 지금 보고 있어. 내가 뭘 알아야지."

"……."

"흰 것은 종이요, 알록달록한 것은 물감이지 뭐……. 하하하~~"

본의 아니게 대화에 집중한 엄마의 큰 목소리가 미술관에 울려 퍼집니다.

엄마도 잘 모르는 무취미의 공간에 오직 아이의 장래를 위해 함께 오는 것은 칭찬 받아 마땅한 노력이라고 생각합니다.

그러나 데려온 것으로 일이 끝난 것이 아닙니다.

 하다못해 "아들아, 엄마 아빠가 어렸을 때는 이런 공

간이 흔치 않아서, 나도 잘 모르겠구나. 이건 무엇을 표현한 걸까?"라고
말문이라도 터 준다면 아이들은 "어엉, 이건 ○○○야." 하고 자기 느낌
대로 말합니다.

그 의견이 맞고, 안 맞고를 떠나서 그림을 통한 소통을 시작하는 거지요.
"봐라."가 아니라, "우리 함께 볼까." 어떠세요?^^

미술 감상의 최고 도우미는 엄마 혹은 아빠
내 아이를 가장 잘 아니까요

어느 학습지 TV 광고를 보면 '내 아이의 가장 좋은 선생님은 엄마입니다.' 라는 광고 카피가 나옵니다.

저도 아이에게 무엇을 설명하기에는 부모님이 제격이라고 생각해요. 내 아이의 성향, 습관, 학습 능력, 이해 정도를 가장 잘 아는 것은 부모님이니까요.

내 아이가 요즘 어느 분야에 관심이 많은지, 미술을 어느 정도 이해하는지, 미술시간을 좋아하는지, 그리기를 좋아하는지, 만들기를 좋아하는지, 미술관 나들이 경력이 어느 정도인지…….

미술로의 좋은 안내자 역할도 그런 것 같아요. 아이의 눈높이에 맞춰 미술의 세계로 안내하는 것!

그렇다고 부모님이 너무 큰 부담을 가질 필요는 없어요.

> 미술관이란 감상을 통해서 마음을 키우는 곳이지, 꼭 그림을 잘 그리거나 미술 지식이 풍부한 사람만이 찾는 곳은 아니므로 그저 아이와 대화하러 가는 정도로 함께해 주세요. 다만 좋은 대화 시간을 갖기 위해 미술관이 있고, 화가의 작품이 있을 뿐입니다.^^*

어차피 아이들에게 전시 전체를 다 설명해 준다 해도, 아이들은 집중력의 한계로 인해 지루해한답니다. 그 전시회를 대변하는 제목과 전시 구성, 내 아이가 관심을 보이는, 또는 궁금해할 듯한 두세 점의 작품에 대한 의문과 의견을 서로 표현해 보는 정도로도 충분해요.

예를 들어, 고흐의 〈빈센트의 방〉이라는 작품 앞이라면 이런 이야기를 해 보세요.

"고흐는 어느 나라 사람인지 아니?"

"왜 방의 구도를 이런 식으로 표현했을까?"

"저 닫힌 창문이 좀 답답함을 느끼게 하는데 우리 딸은 어떻게 생각해?"

고흐, 〈빈센트의 방〉, 1889년, 캔버스에 유채, 57.5×74cm

"저 창문을 열었을 때 나는 푸른 바다가 보였으면 좋겠는데, 너는 어떤 풍경이 펼쳐지면 좋을 것 같아?"

"고흐는 마음의 상태를 리얼하게 표현한 작가로 유명한데, 저 그림을 그릴 때 그의 기분은 어땠을까?"

미술관에서의 잔잔한 대화는 때론 사람의 내면을 아는 중요한 수단이 되기도 합니다. 가족들의 대화에서 요즘 무엇이 관심사인지, 무엇에서 스트레스를 받고 있는지가 은연중에 노출되곤 한답니다.

자, 미술관에서 대화하는 것도 어느 정도 아는 사람만이 할 수 있는 것!

덕분에 엄마, 아빠도 전시회 관람 전에 인터넷 검색이나 관련 책들을 들춰 보는 등, 볼거리의 반만이라도 이해할 수 있는 관람을 위해 시간을 내어 주세요. 가족 간의 올바른 문화생활을 위해서는 학생 때도 해 보지 않은 공부를 뒤늦게나마 해 보는 것도 좋지요.^^*

아, 여기서 잠깐! 한 가지 주의할 점이 있어요. 가족 간의 대화에서 핀잔을 주거나, 본인의 생각은 없고 일방적으로 빠른 시간 안에 상대방의 대답만을 요구하는 것은 피하는 것이 좋겠어요.

엄마가 대화를 주도할 때에도 이렇게 한번 해 보세요. 처음부터 엄마가 정해진 답을 말하지 말고 "○○야, 넌 어떻게 생각하니?" 하고 일단 질문을 던져 보는 거예요.

이때 자기 주장이 강한 아이는 바로 답을 할 테고, 평소 미술과는 담쌓고 지낸 아이라면 머뭇머뭇하겠지요. 그럼 엄마는 아이가 말한 내용에 덧붙이며 대화를 이어 가는 거예요. 아이가 엄마의 사고 틀에 매이지 않고 자유롭게 상상하도록 유도하는 것이 중요하답니다.

아이에게 물려줄 수 있는 유산에는 돈이라는 재산만 있는 것이 아니랍니다. 예술을 즐길 줄 아는 생활습관과 같은 정신적 유산도 아이가 어른으로 성장해 가면서 가치 있게 쓰일 것입니다.^^*

여러분도 혹시 요주의 관람객?
멋진 관람객이 될 수 있는 아주 사소한 비결

오호~ 전시장 밖이 왁자지껄 시끄럽군요. 아무래도 요주의 관람객들이 들어올 것 같은 이 석연치 않은 기운.

어느 정도 갤러리지기 경력이 붙다 보니, 전시장으로 들어설 때의 관람객 태도를 보면 미리 감이 와요. 차분한 느낌의 관람객이 있는가 하면, 걱정스러울 정도로 들뜬 관람객들도 있지요.

대부분의 관람객들은 분위기도 멋스럽게 나름대로 스스로 즐기며 작품을 감상하지만, 어떤 분들은 행동 자체가 소란스러운 경우가 있어요. 특히 어린이들은 분주하게 입장하고 이리저리 뛰어다니며 작품을 만져 보고,

큰 소리로 이야기도 나누지요.

미술관에 와서 미리 주눅 드는 것보다는 당당함이 좋지만, 갤러리 측에서 불안해할 정도로 당당한 것은 문제가 있지요.

다행스럽게도 대부분의 부모들은 이런 아이들에게 조심을 시키는데, 어떤 부모들은 자식이 너무 예쁜 나머지 형식적인 한마디를 할 뿐입니다. 오히려 호기심 어린 눈빛으로 좀 전에 아이들이 하던 행동 그대로 작품을 만지기도 해요.

전시장 안에 '만져 보세요.' '작동해 보세요.' 라는 안내문이 없다면 눈으로 보고, 마음에 담아 가야 합니다.

이 전시회를 열기 위해 오랜 시간 열정을 다해 작품을 창작한 작가의 마음과 이후에 올 다른 관람객의 입장을 한번 생각해 보면 좋을 것 같아요. 입장을 바꿔서 우리 가족이 갤러리에 갔을 때 훼손된 작품을 보게 된다면 기분이 어떨까요?

또, 어떤 엄마는 아이들에게 이렇게 협박조로 말하는 경우가 있답니다.

"너네, 미술관에서는 절대로 조용히 해야 하는 거야. 말하면 가만 안 둔다. 쉿!"

아니에요. 절대로 조용히 해라가 아니라 작게, 소근소근 작품에 대해 말하면 괜찮아요~^^

전시장에 둘 이상 왔다면 그림에 대한 대화는 바람직해요. 다만, 장소가 장소인 만큼 목소리를 낮추어 이야기하는 것이 필요하겠지요.

그럼, 그림을 볼 때 서로 이야기하면 좋은 점은 무엇이 있을까요? 한 작품 앞에 여럿이 나란히 서 있어도 나와 다른 사람들의 생각이 모두 다를 수 있답니다.

나는 발견 못한 것을 친구는 발견할 수 있고, 나는 이렇게 생각했는데 친구는 다른 쪽으로 감상 소감을 풀 수도 있어요.

누구의 감상 소감이 더 멋지고, 덜 멋지고의 차원은 아니기 때문에 서로의 생각을 스스럼없이 말하는 자세가 필요할 뿐입니다.

멋진 관람객과 멋진 전시회는 돌고 도는 것입니다.^^

미술관에서는 공간의 특성상 다른 장소와는 다른, 이곳만의 상황에 맞는 주의사항으로 이유를 설명해 주시면, 아이들의 행동은 금방 바뀝니다.^^*

물감 냄새까지 생생하게 느껴요
미술관에 가면 좋은 사소한 이유

요즘은 인쇄술이 매우 발달해서 책에 실린 그림의 색감이 많이 좋아졌지요?

때문에 화집에서 볼 수 있는 그림들을 굳이 전시장에까지 가서 볼 필요가 있을까, 라고 생각할 수도 있을 것입니다.^^

하지만 미술 작품은 표현 재료와 작품 크기에 따라 전혀 다른 느낌을 주기 때문에 화집을 통해 보는 그림은 작가의 의도를 제대로 알아내기 힘들지요.

또한, 전시장은 미술 감상에 적절한 조명과 작품 배치, 음향, 온도 등이 맞추어져 있기 때문에 미술 감상에만 집중할 수 있답니다.

전시장에 놓인 전시 도록 등을 참고하며 그림을 관람하다 보면, 그림을 보는 안목이 높아지고, 더 이상 그림이 어려운 것이 아니라 우리 생활과 친밀한 관계에 있음을 알 수 있을 거예요.^^

작품을 어떤 것으로 한 차례 투과하여 책으로 보는 것이 아니라, '정면 대응' 하여 물감 냄새까지 생생하게 느끼는 감상은 분명 다르기 때문입니다.

이유 둘!! ^^

어떤 직업을 가지고 있든, 어느 위치에 속하든 우리가 부딪치는 고민 속에서 한 걸음 벗어나기 위해서는 때로는 다른 장소, 다른 시각이 필요해요.

특히나 미적 감각이 필요한 일을 한다면 그 시대의 현상을 가장 섬세하게 표현하는 미술의 특성상, 미술관 나들이에서 좋은 아이디어를 얻을 수도 있어요.

물론, 그 아이디어는 보려고 하는 사람 눈에만 보일 거라고 생각합니다.^^*

또한 외부의 여러 조건 때문에 자기가 좋아하지 않는 일을 하는 사람들도 많아요. 스트레스를 풀 나만의 여가 시간이 필요하지요.

　미술관에선 누군가의 간섭 없이 나만의 시간을 가질 수도 있고, 그림을 통해 대리 만족을 느낄 수도 있어요. 내 몸 가고 싶은 대로, 자유로운 발상을 표현한 작품을 보는 것이기 때문에 미술관은 사람에 따라 살아 있는 자유로운 영혼의 전당이 될 수도 있답니다.

　　　　미술관 나들이는 분명 내 안의 나를 발견하고 빛나게 하는 일 중의 하나입니다. ^^

공부 못하는 사람들이 그림을 그린다고?
미술 천재의 기막힌 아이디어 그리고 발상의 전환과 노력

갤러리 마니아로 20여 년을 살아오는 동안이나, 3년여 동안 쉼 없는 기획전시를 하면서 항상 놀라는 것이 있는데, 그것은 작가들의 기가 막힌 발상의 전환과 실행이랍니다.^^

현재 우리나라만 해도 등록된 작가들이 5만여 명이고, 여러 전시장에 전시 중인 작품들도 2백만여 점에 달해요.

저는 직업상 일반인들보다는 꽤 많은 전시회를 관람하고, 꽤 많은 작가들을 만나는데, 하나의 주제로 한 작품이 완성되기까지 그 창작의 과정을 보면 "아, 아이디어 뱅크가 따로 없구나, 이들을 천재라 해도 되겠구나." 하는 생각을 자주 하게 됩니다.

물론 작가들이 다 그런 것은 아닙니다. 무늬만 작가인 사람들도 있긴 하지요. 하지만 대부분의 작가들은 우리가 맛있게 먹는 빨간 사과조차도 관심의 대상이 되면 다른 시각으로 철저하게 분석하고, 갖

가지 이야깃거리에 상상력과 창의력을 갖춘 최고의 작품으로 만들어 내지요.

그뿐만 아니라 보이지도 않는 언어를 그림으로 설득력 있게 표현하기도 해요. 꿈이나 욕심 등 정말 어려운 추상적인 것들조차 보는 이들의 공감을 일으키는 작품으로, 멋들어지게 만들어 내지요.^^

손재주에 있어서도 이들을 따라가기는 힘듭니다. 자신이 보여 주고자 하는 작품을 위해 때로는 전기 기술자가 되고, 때로는 목수가 되기도 해요.

전에 어떤 관람객이 전시장을 둘러보며 "참, 옛날에는 공부 못하는 사람이나 그림을 그린다고 했는데, 이 작품들을 보면 천재가 따로 없어요. 그쵸?^^" 하더군요.

예전에는 예술가에 대한 일반인의 생각이 그랬던 것도 같아요. 창작의

세계란 가슴에서 샘솟고, 머리로 계산되며, 손으로 보여 주어야 하는 분야이다 보니 워낙 많은 시간을 담보로 하지요. 실기 시간에 비중을 많이 두다 보면 공부하는 데는 시간을 많이 낼 수가 없었을 뿐이지요.

언제나 그렇지만, 오늘날의 세상은 창의력이 튀는 사람이 인정 받고, 돈도 많이 벌며(^^) 재미있게 살지요.
작가는 일반인보다 선천적으로 창의성을 타고난 것도 사실이지만 타고난 재주에 안주하지 않고, 많은 시간을 투자하여 공부하고 실행하며 답을 찾아내고자 노력한답니다.

너무나 열악한 환경에도 불구하고 그 고난조차도 창작으로 이겨 내며 기다림의 미학으로 살아가는 작가들이 많습니다. 그들의 삶의 자세에서 관람객들이 훌륭한 그림 감상과 함께 좋은 자극을 받았으면 좋겠다는 생각을, 전시장을 지키는 날, 그림을 감상하는 관람객들을 바라보며 하곤 한답니다.＊^^＊

단골 미술관, 그게 남는 발걸음
한 곳이라도 꾸준히 가세요

세상에는 작가도 넘쳐 나고, 작품도 넘쳐 나고, 전시장도 넘쳐 납니다.^^*

그러나 일반 관람객들은, 작품을 감상하기 위한 기본적인 준비도 없이 언론에서 많이 보도되는 전시회로만 우르르 몰려다녀요.
때로는 우리 집과 너무 멀리 떨어진 곳으로 나들이를 하느라 하루를 다 보낼 때도 있고, 그렇기 때문에 미술관 관람이 시간과 체력을 엄청 소비하는 것으로 인식되기도 해요.

미술관마다 전시회를 여는 것에 나름의 체계적인 기획이 있어요. 일 년을 앞서 알차게 기획되고 있으니 한 곳이라도 꾸준하게 가 보세요. 좀 더 효과적인 작품 감상을 위해서라도 그게 좋습니다. 방법 중 하나로는 집에서 가까운 전시장 한두 곳에 관심을 가지고 발품을 팔며, 단골 전시장을 만드는 거예요.

그 다음에는 계획을 세워 다른 전시 체계를 가진, 규모가 큰 미술관에도 가세요. 그러다 보면 안목 높은 갤러리 마니아로 발전한 자신을 발견하게 될 겁니다.

저도 20여 년을 갤러리 마니아로 살면서 집에서 가까운 국립현대미술관이나 서울시립미술관의 단골 관람객이 되었어요.

시간이 오래 걸리긴 했지만 한 번에 가는 버스가 있었고, 아이가 어려 미술관을 좋아하지도 않다 보니 아이의 유쾌한 컨디션을 위해서도 마당이 넓은 곳이 필요했던 터라 여러모로 맞아 떨어졌던 거지요. 지금은 비록 이사를 해서 멀어지기는 했지만, 항상 그 미술관에 애정이 간답니다.

저의 그림에 대한 안목을 기르는 데 중요한 역할을 한 곳이지요. 한국과 외국의 근·현대 작품을 모두 그곳에서 만났답니다. 오르세 미술관전, 김기창전, 부르스 나우먼전, 롭스와 뭉크전, 박래현전, 박수근전, 장 뒤뷔페전 등등.

어떻게 보면 그곳에 근무하는 사람들보다 제가 더 덕수궁 전시의 역사를 잘 알고 있는지도 모르겠어요.

한 곳이라도 꾸준히 가세요. 그게 남는 발걸음입니다.^^

한 장소 두 가지 재미? 마당 넓은 미술관

미술관 관람, 아이에게 맞는 전략이 필요해요

사실 미술 마니아가 아닌 다음에는 미술 비전공자인 일반인과 아이들에게, 미술관은 정말 재미없는 곳이에요.

벽면에 붙어 있는 그림들은 꼼짝 않고 붙어서는 "나를 봐 주세요." 하는 식이니 심심하기 짝이 없고, 음악을 틀어 놓는 미술관이 늘기는 했지만 때로는 자신의 침 삼키는 소리, 발자국 소리에 스스로 놀랄 만큼 분위기가 너무 심각하게 조용하지요.

음악이 흘러도 꼭 클래식 음악이니 아이들은 더 졸려 하기도 한답니다. 좀 더 가까이서 볼라치면 애당초 만지려 했던 것도 아닌데 어느새 안내원이 쪼르르 달려오지요.

아이들과 전시장을 가게 되면 이러한 공간의 특성상 어른도 긴장하게 되고, 그 긴장감은 전시장 가기 하루 전날부터 다녀와서 집에 도착할 때까지 계속되니 참 어려운 나들이인 거지요.

😔 그렇지만 세상을 살며 어떻게 눈이 재미있어 하고 몸이 신나는 일만 만날 수 있을까요. 미술관은 조용하고, 어둡고, 마음대로 움직일 수 없는 답답함은 있지만 감성지수를 높일 수 있는 곳이에요. 작가라 불리는 전문 직업인들을 통해 다양한 형태로 구성된 작품들을 보며 뇌의 용량과 정서를 한 차원 업그레이드시켜 보는 거예요.

이왕이면 '생활 충전 비타민' 섭취쯤으로 생각하세요.^^

더구나 우리가 살아가는 세상은 엄마 노릇도, 아빠 노릇도, 선생님 노릇도 쉬운 게 아니지요.

특히 요즘은 감성지수가 중요시되면서 창의력과 상상력 계발 중심으로 교육과정이 다 개편되어 아이들 공부시키기가 더 난감할 거예요.

지금의 어른들이야 배고픈 시절에 공부를 해서 창의력이니 상상력이니 하는 것에 전혀 익숙하지 않은데도, 부족한 지식과 어설픈 경험으로 아이들을 가르쳐야 하는 역사적 사명감까지 갖게 되는 것 같아요.

하지만 너무 두려워할 필요는 없습니다.

아이들이 미술관과 쉽게 친해지지 않는다면, 처음에는 마당 넓은 미술관에서 시작하세요. 처음 도착하면 전시장의 그림들을 천천히, 찬찬히 둘러보고, 집중력이 떨어지고, 몸이 찌뿌드드하고 다리가 아파오면 과감하게 티켓팅하는 안내원에게 양해를 구하고 전시장 밖으로 나오세요.

전시장에 들어온 김에 무리해서 다 보려는 욕심은 아이들을 더 힘들게 한다는 사실을 명심해야 해요.

마당에 나와 바깥 공기도 마셔 보고, 간식도 먹으며 놀아 본 후에 다시 차분하게 전시장으로 돌아가는 거예요. 몸과 마음이 모두 좋아하겠지요?

미술관 관람도 아이들에게 맞는 전략이 필요하답니다.^^

가까이 하기엔 너무 먼~ 그림
착한 가격의 훌륭한 그림도 많아요

여러분들의 이야기를 들어 보면 미술 즉, 미술관에 가까이 가는 것이 너무 어렵기만 한 것은, 예술 공간이라는 장소가 주는 특수한 외형적 요인도 있고, 그림에 대한 전문적 지식이 부족해서 그런 것도 있지만, 한편으로는 너무 높은 작품 가격이 주는 부담감도 작용하는 것 같아요.

가끔 전시장에 오는 사람들이 대화하는 내용을 우연히 듣게 되는데, 그들이 매긴 감정가는 어떤 그림이든 집 한 채 값이 왔다갔다 해요.

요즘 재테크의 한 방법으로 그림 경매에 대한 붐이 일면서 당연히 그 정도 가격일 거라고 생각하나 봐요. 그림을 재산으로서의 가치를 두고 산다면 수천만 원, 수억 원, 일반인이 사기에는 너무 비싼 것이 사실이지요.

그림의 가격을 책정하는 조건에는 작가의 인지도, 전시 경력, 미술사적으로 시대적 상황에 있어서 어떤 획기적인 아이템을 표현하고 어떻게 밀도 있게 정립하였는가에 있어요.

그래서 깜짝 놀랄 비싼 작품도 많고, 엄청난 가격대에 탄식하게 되지만, 그것은 일부 전문적인 컬렉터들이 관심을 가지는 일이지, 전시장의 모든 그림이 그렇게 비싼 것은 아니랍니다.

작가의 인지도가 낮아도 좋은 작품을 잘 고른다면 작은 작품을 몇 십만 원에도 살 수 있어요. 그림을 재테크 수단으로 생각할 것이 아니라 작가의 사인이 들어 있는, 세상에 단 한 점인 작품을 사서 집에 걸어 두는 데 의의를 두세요. 그렇게 하면 그림에 대한 관심도 더 높아지고 미술 세계에도 더 가까워질 거라고 생각해요.

우리가 적은 부담으로 살 수 있는 작품에는 장르의 구분이 없기는 하지만, 특히 판화는 여러 장을 찍을 수 있는 특성이 있어 희소성이 낮기 때문에 다른 장르에 비해 큰 부담 없이 살 수 있답니다. 아무래도 작은 작품에 한정되기는 합니다.

화랑예술제 같은 행사가 있을 때, 마음에 드는 작품이 있으면 용기 내어 작품가를 물어보세요. 부담 없는 가격의 그림이 주는 행복감이 크다면 작가의 작품을 사는 사람이 되어 보세요.

11세 꼬마, 용돈 모아 그림을 사다

우리나라 최연소 컬렉터 민수 이야기

올해 초등학교 5학년이 된 설민수 군(11세)이 하나코 갤러리에서 2008년 2월에 전시 중이던 김형구 작가의 작품 〈사업가〉를 샀답니다.

아마도 우리나라에선 미술 작품을 자신의 안목과 의지대로 산 최연소 컬렉터가 아닐까 하는 생각을 해 봅니다. 전 세계를 통틀어서라는 말은 아직 조심스러워요.

민수가 그동안 모아 온 용돈과 엄마로부터 약간의 도움을 받아 작가의 작품을 구입하기까지, 남다른 뒷이야기를 하여야 할 것 같네요.^^*

갤러리를 개관하기 전 민수를 만났는데, 그때 민수는 초등학교 1학년으로 또래 아이들에 비해 유난히 미술에 자신없어했어요.

민수는 꾸준히 내 책들의 독자가 되었고, 하나코 갤러리를 개관하면서는 거의 빠짐없이 다양한 장르의 전시 작품을 관람하고, 갤러리 강좌의 작가들과 전시 작품 감상 토론도 했답니다.

그때 항상 그림을 못 그린다고 자신없어하던 민수에게 내가 말했어요.

"민수야, 그림을 못 그려도, 보는 것은 상관없단다. 선생님은 축구를 못 해도 보는 건 좋아해. 그림은 손으로 그리는 재주도 중요하지만, 보아 내는 능력도 중요하단다. 작품을 감상하는 것에 멋지고 안 멋지고가 없으니까, 특별히 마음에 드는 작품이 있다면 한두 점이라도 용감하게 다가서서 살피고, 의문을 갖고 봐."

그림이란 정말 손으로 그려 내는 능력만큼, 보는 능력도 중요하기 때문이지요.

하나코 갤러리의 설립 취지가 미술 전문가는 물론이고 미술 비전공자인 일반인과 어린이까지도 함께하는 전시 공간이라는 것을 생각하면, 엄마가 픽업해야 하는 수고가 따르기는 했지만, 민수가 햇수로 3년을 우리 갤러리와 함께한 것이 이상할 것은 없었지요.

그런 단골 관람객인 민수가 전시 중인 김형구 작가의 작품을 감상하던

김형구, 〈사업가〉, 2007, 종이에 수채, 18×26㎝, 개인소장

중, 특히 마음에 드는 작품을 말해 보라는 질문에 인물화 두 점, 〈사업가(수채화 2호)〉와 〈자화상(유화 4호)〉을 지목했답니다.

그 두 점에 대해 나와 한참 동안 밀도 있는 대화를 나눈 후 방명록에 인상적인 글을 남기고 돌아갔어요. 며칠 후 다시 와서는 그 두 점 앞에서, 또 가다서다를 반복하며 이리 보고 저리 보고 하는 것을 보면서 나는 민수의 눈빛이 그전의 눈빛이 아님을 알았지요.^^*

꽤 진지하던 민수는 그간 이 하나코 갤러리의 전시 작품 중에서 마음에 드는 것도 많았고, 예술의 전당에서도 마음에 드는 작품을 만난 적도 있지만 김형구 작가의 작품들은 자꾸 생각이 난다고 했어요.

민수는 그 이유로 "〈사업가〉는 보는 위치와 각도에 따라 얼굴 표정이 다양하고, 번지기 기법과 푸른색이 감도는 것이 마음에 들어요."라는 나름대로 당당하고 훌륭한 감상평을 했지요.

어느새, 민수는 오랜 시간 단골 미술관과 함께하면서 일정 수준을 넘고 있었던 거예요. 나는 너무 행복했어요. 언제나 똑똑한 민수가 미술만은 너무 자신없어서 어떻게 하면 편하게 받아들이게 할까가 민수에 대한 나의 숙제였기 때문이에요.

나는 꼬마 관람객 민수와의 대화를 좋아하던 터라, 화가들의 작품 가격이 형성되는 여러 조건과 미술시장 구조를 성의껏 알려 주었고, 이번에 전시하는 김형구 작가의 작품 세계를 말해 주었어요.

그런데 민수가 갑자기 "김형구 작가님의 그 두 점이 얼마예요?" 하고 물어왔고, 나는 김형구 작가도, 작가를 초대한 갤러리도 다 함께할 수 있도록 많이 낮춘 작품가를 말해 주었어요.

민수는 "아, 엄마 아빠만 허락하신다면 저도 살 수 있을 것 같아요."라고 말하고는 흥분하여 엄마에게 전화를 했지요.

"엄마, 제가 엄마에게 꼭 보여 주고 싶은 작품이 있어요. 꼭 와 보세요."

얼굴이 핑크빛으로 물든 민수는 다른 날과는 분명 달랐어요.

그날 집으로 돌아가는 차 안에서 민수는 엄마에게 자기가 가지고 있는 돈에 조금만 도와주면 살 수 있을 것 같으니 도와달라고 했답니다.

며칠 후, 민수가 지목했던 두 점 중 〈자화상〉은 부산에서 오신 분이 사 갔어요. 그후 오시는 분들도 마음에 드는 작품으로 〈사업가〉를 꼭꼭 지목하자 나는 여러 가지 생각을 하게 되었어요. 가능하면 어린 민수에게도 좋은 경험을 갖게 하고, 마음이 따뜻한 작가에게도 그의 작품이 어린 고객에게 팔리는 신선한 체험을 하게 해야겠다는…….^^*

그것은 열린 생각의 민수 어머니의 도움도 한몫하여 작품을 구입하던 2008년 2월 29일 전시 오프닝 직전에 민수가 작품을 구입하고, 직접 빨간 스티커를 붙이게 하기까지, 나는 1박 2일 동안 숨 막히는(^^) 여러 통의 전화로 작전을 펼쳤어요. 그 작품을 사고자 하는 사람들이 많았기 때문이에요.

그렇게 이왕이면 민수가 사도록 조금 애를 썼고, 작가와 민수가 직접 만날 수 있도록 주선했는데 작가도 흔쾌히 답해 주고 인천에서 일찍부터 갤

러리를 찾아왔어요. 어린 고객의 출현으로 해바라기 드로잉 작품 한 점을 민수에게 선물로 주려고 별도로 준비해서…….

작품 보는 안목이 높은 꼬마 민수, 아들의 생각을 받아 주신 민수 어머니, 훌륭한 작품임에도 절대 겸손과 배려의 작품가로 함께해 준 김형구 작가가 있었기에 이런 신선한 사건이 만들어진 것이라고 생각해요.

민수가 구입한 〈사업가〉의 작품가는 50만 원이었습니다.

*본 내용은 하나코 갤러리 블로그 포스팅에 올렸던 글을 그대로 옮겼습니다.

어린이는 그림을 보며 미래를 보고요~
어른들은 그림을 보며 과거를 보지요

전시장에 있다 보면 소곤소곤 관람객들의 대화에 방긋 웃을 때가 있습니다.

아이들이 그림을 보며 하는 대화는 상당히 미래 지향적으로 동기 유발이 되는 듯합니다.

직접적으로 "나도 그림 그리는 거 좋아하니까 커서 화가가 될래, 엄마." 라고 말하기도 하고, 그림 속 내용을 보며 "어, 나는 커서 멋진 건물 짓는 사람이 되고 싶은데, 이 집이 참 예쁘다. 엄마, 나중에 이런 집을 지어 볼래." 하기도 합니다. 이밖에도 여러 대화를 듣다 보면, "나도 ○○가 될래." "나도 ○○처럼 할래."와 같은 하고 싶은 일에 관한 이야기가 쏟아집니다.^^

아이들의 대화는 이렇게 미술관의 작품을 보면서, 자신의 장래와 연결시키며 이루고 싶은 꿈에 다가서는 것이었어요.

한편, 어른들은 흘러간 시간 속의 순수 청년이 되기도 하고, 해맑은 여학생이 되기도 합니다. 같이 온 친구나 가족들에게 말하거나 혹은 혼자 들러 혼잣말을 할 때도 있지요.

"중학교 때 미술 선생님이 내가 그린 사과를 보고, 너 그림 참 잘 그린다 하며, 나중에 화가 되라 하셨는데 말이지." "내가 화가가 됐으면 어땠을까? 지금쯤 중견 작가가 됐을까?"라든가 "나도 한때는 화가가 꿈이었는데, 아버지가 그림 그리면 굶어 죽기 딱 좋다고 공부나 열심히 해서 공무원 되라고 반대하셔서서 붓을 꺾었지." 하고 말하세요.

또 어떤 사람들은 반대로 "아, 나는 다른 과목 공부는 좀 했는데, 미술 시간만 되면 도망가고 싶어 했잖아. 정밀 묘사 같은 것은 좀 하겠는데, 상상화 그리라면 눈앞이 캄캄한 거야. 예나, 지금이나 그림은 못 그리지만 보는 건 좋아."라고 말합니다.

이렇게 어른들의 대화는 미술관의 작품들을 통해 잃어버린 꿈과 이루고 싶었던 꿈에 다가서는 것이지요. 아이든 어른이든 빠르게, 빠르게 변해 가는 세상에 발맞추어 살지만, 누구나 가슴속에는 꿈꾸는 세상이 있고, 그 꿈에 다가서기 위해 살고 있겠지요. 이렇게 어느 날 들른 미술관에서라도 다시 한 번 그 꿈에 다가서는 것은 어떨까요?^^

미술 속에서 자란 아이, 그만의 세상보기가 있어요
정말 하고 싶은 이야기 ^^*

제가 경험한 바로는 수학을 잘하는 아이는 영어와 음악을 잘하는 편입니다.

이 세 분야는 확실한 원리와 개념이 있기 때문에 그에 준한 공식이 있어서, 공부 방법만 정복하면 그렇게 재미있어할 수가 없더군요.

약간의 더함과 덜함은 있지만, 기본적인 성향이 원칙 제일주의 과목인 것이지요. 답이라는 결과 앞에서 원칙을 무시하고 내 마음대로 상상법을 사용하면 큰일 나잖아요. ^^

수학 문제를 계산하면서 상상력을 발휘하여 답을 내 마음대로 내면 오답일 수밖에 없으니 안 되고, 영어 단어 발음을 내 마음대로 내면 대화 단절, 동문서답, 현문우답이 되니 안 되고, 음악 악보를 마음대로 해석하여 연주해도 안 되고, 또한 읽어 낸 악보를 쉼, 박을 무시하면서 연주한다면 그것은 소음일 수밖에 없겠지요.

반대로, 그림을 잘 그리는 아이는 글짓기를 잘하지요.

상상력이 뛰어난 사람, 창의력이 많은 사람에게 그림과 글짓기는 높이 올라 멀리 볼 수 있게 하는 새의 날개와 같답니다.

가벼운 비유이기는 하지만 화가는 자신이 화가가 되지 않았으면 시인이 됐을 거라 하고, 시인은 시인이 안 되었으면 화가가 됐을 거라는 농을 하곤 하지요.

이 두 분야는 공식이 확실한 것도 아니고, 어떤 한 주제가 주어지면 사람마다 풀어내는 방법이 다 다르지요.

마음속 가득한 그 많은 생각을 풀어내는 데 기본적인 기술법만 있을 뿐 뚜렷한 방법이 제시된 것도 아니고, 내 스스로의 상상력과 창의력이 필요합니다.

그래서 어렵다 하지요.^^*

또한 장소도 수학, 영어, 음악은 특별히 큰 곳이 필요하지 않고 지붕 밑 실내에서 이루어지며, 급하면 집중해서 몇 시간 노력하여 결과물을 낼 수 있어요.

하지만 미술과 글짓기는 세상에서 보고 체험하는 것이 기본적인 재료가 되기 때문에, 넓은 세상 속으로 자주 나다니는 것이 필요해요.

그림을 잘 그리려면 만 권의 책을 읽고, 세상을 두루 돌아보라 하지요. 급하다 하여 마음을 풀어내는 방법과 과정을 쉽게 습득할 수도 없는, 그야말로 꾸준한 시간이 약일 뿐입니다.

제가 학문을 연구하는 학자도 아니면서 이렇게 짧은 경험을 써 내는 것도 창의력이 힘인 미술이라는 분야가 오늘날, 여러 학문의 연결 고리가 되고 있기 때문이랍니다.^^*

이제는 세상이 변하여, 앞에서 말한 수학, 영어, 음악도 창의력을 가지고 임해야 합니다.

수학은 공식으로 답을 내는 것만이 아니라 논리적 사고가 따라야 하며, 영어는 정확한 발음으로 말만 하는 것이 아니라 글쓰기가 되어야 하지요.

전통 클래식만을 연주하던 음악은 시대적 요구에 의해서, 나만의 상상력과 창의력으로 전자 바이올린과 가야금이 만나 크로스오버 음악이 등장하고, 종교음악과 신비 사상이 만나 뉴에이지 분야가 탄생됐지요.

이제는 창의력이 대세이고, 그 기본적인 뿌리에는 상상력이 있어야 하므로 열린 마음으로 미술과 함께하기를 소망합니다. 다만 결과물을 내기 위한 학습 도구로써의 미술을 말하는 것이 아니라, 이 모든 분야에 깊이를 더한 나만의 관점으로 세상을 바라보았으면 하는 바람입니다.^^

박물관, 미술관, 화랑의 차이점은 무엇인가요?

비슷하기도 하고 다르기도 하답니다

우리나라도 최근 경제 수준이 높아지고 예술에 대한 관심이 늘어나면서 서울 인사동이나 사간동을 비롯해 도시 곳곳에서 박물관, 미술관, 화랑(갤러리)들을 쉽게 찾아볼 수 있어요.

이제는 온 가족이 한 달에 두세 번은 전시장으로 나들이를 하는 듯해요. ^^*

초등학교에서 미술관 체험학습이 필수 과제로 되어 있기 때문이기도 하고, 그만큼 지적 수준이 높아졌기 때문이기도 하지요.

^-^* 박물관, 미술관, 화랑(갤러리)의 공통점은 작품 전시와

작품 관람을 위한 특수한 공간을 설치하여 미술 전문과정의 지식을 습득한 전문 구성원들이 작품을 발굴·소장·연구·전시한다는 것이지요.

하지만 운영 시스템 상의 다른 점도 많은데 한번 볼까요.^^

화폐 박물관, 신문 박물관, 어린이 미술관, 조각 미술관, 동양화 미술관 등 그 성격이 조금씩 다른데, 요즘은 보고 배우는 것이 함께 이루어지는 복합 문화공간들도 생겼어요.

지방 같은 소도시의 경우에는 미술관, 갤러리라는 말보다는 예술문화회관, 문화원이라는 이름을 더 많이 사용한답니다.

박물관은요!

박물관(국립중앙박물관, 국립민속박물관 등)들은 대부분 근대 이전의 문화 예술 분야인 공예, 회화, 조각, 건축 등의 미술품을 항상 전시, 소장해요.

세계적으로 큰 박물관은 연구 기능, 발굴 기능, 교육 기능까지 다양한 역할을 하지요. 학술적 가치에 큰 의미를 두기에 당연히 판매는 할 수 없고 주로 보존 및 전시를 합니다. 소장품과 특수한 장소 규모와 시스템을 갖고 있어야 하며, 정부나 기업체 그리고 개인이 운영을 하기도 하고, 나라에서 재정 지원을 받기도 합니다.

요즘은 학교의 교과 과정과 연계하여 관람 과정이 필수로 되어 있어, 관람 및 현장체험 프로그램도 갖추고 있어요.

미술관은요!

미술관(국립현대미술관, 서울시립미술관 등)은 박물관보다는 '미술'이라는 한 분야에 더 전문적인 관심과 노력을 기울이는 곳이에요. 작품을 소장하고, 부분 연구와 교육, 전시 등의 기능을 하고 있어요.

미술관은 회화 미술관, 공예 미술관, 판화 미술관, 조각 미술관 등 체제나 구성이 박물관보다는 더 전문적이며, 자체적으로 일정량의 소장품과

©서울시립미술관

전시공간 등의 시스템을 갖추고 있어야 합니다.

　최소한의 전시 횟수를 법으로 정할 수 있고, 나라에서 운영비를 지원받고 있어요.

화랑은요!

　화랑(갤러리)은 미술관에 비해 상업적인 성격이 짙은 곳이에요.

　기획전시(일정한 타이틀을 지니고 하는 전시회)를 하기도 하고, 대관전시(작가에게 돈을 받고 전시장을 빌려 주는 전시회)를 하기도 해요. 경제적으로 자립한 전시장이기 때문에 운영자는 미술관보다 좀 더 독립적으로 운영할 수 있습니다.

소장품 없이도 운영이 가능하고 큰 제약이 없기에 개성이 강한 재미있는 전시회를 많이 한답니다.

대부분의 화랑들은 좋은 작가를 발굴하여 전시회를 열고, 미술시장에 작가 소개 및 작품 판매를 도와주는 것을 주목적으로 합니다.

제2전시장 속으로

미술관의 비밀

음… 전시 도록 꼭 사야 할까?
이쪽 벽 갔다, 저쪽 벽 갔다… 이제 그만!
도슨트? 알 듯 모를 듯해요
도슨트와 함께하는 관람이 정말 좋은가요?
와~ 저는 이 다음에 큐레이터가 되고 싶어요
전시장 벽은 꼭 하얀색이어야 하나요?
전시장은 왜 창문도 없이 조명을 켜 놓나요?
가만히 들어 봐. 여기서 음악소리가 들려!
세상에 에누리 없는 장사가 어딨나요?
전시 속 진실, 이제는 조금 차분하게~
어, 큰 기업에선 미술관을 꼭 운영하네?
후원사가 많으면 좋은 전시회?

음… 전시 도록 꼭 사야 할까?
하나는 알고 둘은 모르는 엄마의 밑지는 장사!

전시장 입구에는 현재 진행 중인 전시 도록이나 리플릿이 놓여 있어요.
관람객들은 그것이 무료라면 대부분 나중에 버리는 한이 있더라도 가족 수대로 다 가져가지만, 돈을 천 원이라도 내야 한다면 이야기는 달라집니다. -.-;;

그 모습을 보면 참 안타까워요.

^-^* 전시 도록은 '제 2의 작품' 이라고들 합니다.
도록에는 작가가 어떤 것에서 주제를 얻으며 그 주제가 의미하는 바는

무엇인지, 이 전시회에서 어
떤 것들을 보여 줄지 친절한
글도 있고, 미술 이론가들이
전문가적 입장에서 작품을
분석하고, 그 작품의 의미를
적은 글도 있어요.

또 현장에서 비싼 가격으로 작품을 살 수 없다면 비록 인쇄물이지만, 집
에 가서 작품을 다시 볼 수 있는 나름의 가치가 있답니다.

전시장에서의 관람이라는 것이 처음에는 집중해서 그림을 잘 보다가 반
바퀴쯤 돌면 슬슬 피곤해져서, 집중력이 떨어져 대충 보는 것이 일반적인
사람들의 모습이니까요.

몇몇 작품들은 집에 오면 필름이 끊긴 듯이 생각도 잘 안 나지요?^^

돈은 가치 있게 쓰는 것이 중요하지요.

전시회가 마음에 들었다면 과감하게 전시 도록을 사는 것이 어떨까요?
삼천 원에서 이만 원 하는(물론 더 싸기도, 비싸기도 하지만) 도록을 한 끼 식사
값을 아껴 구입한다면, 다른 사람의 지식이 집약된 것을 내 것으로 만드는
영구 임대비를 내는 것과 마찬가지로 나름의 가치가 있습니다.

집에 가져가서 마음에 드는 작품을 오려 액자에 넣어 책상 위에 놓거나

벽에 걸어 보세요.

그렇게 구입하면 언젠가 다시 꺼내 보며 전시장에서 그냥 스쳤던 그림들이 또 다른 잔상으로 다시 떠오르게 되니 추억을 곱씹어 볼 수 있어요. 마음에 드는 작품은 어설프게라도 따라 그려 보는 것도 좋습니다.^^

또한, 대형 전시회에서 흔히 보는 풍경 중의 하나가 무언가 열심히 적는 아이들의 모습이에요. 학교에서 체험 보고서 숙제를 내서인지 아이들이 꼭 작은 수첩과 연필을 들고, 벽에 기대서거나 바닥에 엎드려서 그 작품들을 필기하느라 진땀을 흘리더군요. 어떤 경우는 아이는 뛰놀고 엄마가 쓰느라고 바쁩니다.

그 좋은 전시회에 와서 아까운 시간을 작품을 보는 것보다 쓰는 데 소비하여 일정이 끝난다면 전시 도록 사는 돈 조금 아끼려다 금 같은 시간을 버리는 셈이 됩니다.

미술관에서는 아이의 시간도 아끼고 엄마의 시간도 아껴서 작품을 감상하고, 작품에 대한 감상문 쓰는 것은 도록을 사서 집에서 차분하게 군것질을 하며 여유롭게 하세요.

미술관 나들이 몇 년 동안 그렇게 쌓이고 쌓인 도록을 보면, 자주 가는 전시 작품들의 장르도 알 수 있고, 그 글들을 읽으면서 미술 지식도 얻게 되니, 값진 지출이 되는 것입니다.^^

이쪽 벽 갔다, 저쪽 벽 갔다… 이제 그만!
순서대로 맛있게 잘 먹는 그림 감상

전시장에 들어서면 다양한 표현과 다양한 크기의 멋진 그림들이 벽에 가득하지요.^^*

그래서 그런지 어떤 가족들은 이쪽 벽으로 갔다가, 저쪽 벽으로 갔다, 왔다갔다 어수선해요. 그럴 수 있어요. 다 좋아 보이기도 하고, 그 그림이 그 그림 같기도 하고, 뭘 먼저 보아야 할지 일반 관람객 입장에서는 감이 안 잡히는 것이 당연해요.

우선 전시장에 들어서면 그림을 보기 전에 데스크 위에 있는, 안내 팸플 릿이나 전시 도록을 꼭 훑어보세요.

또한 대부분은 전시장 입구 한쪽 벽면에 글씨를 크게 확대하여 전시 개요를 붙여 놓으니, 그림을 보기 전에 미리 읽어 보면, 전시된 그림들이 제각각 알찬 구성으로 이루어졌음을 알게 되고, 미술 감상을 제대로 할 수 있답니다.

　미술관에서 하는 대형 전시의 경우, 진열된 작품의 순서에 따라 어떤 연결고리가 있는지 살펴보세요.

　어떤 작가는 처음에는 사실적 표현의 정물화를 그리다가 추상화로 작품 성향을 바꾸기도 해요. 나름의 어떤 환경적, 심리적 계기가 있었겠지요.

　작품 설치 순서에는 그런 깊은 고민의 과정이 녹아 있답니다.

　의미 있는 전시회 관람이란 전시장에서 그림액자(무가치)로만 보는 수박 겉핥기식 관람이 아니라, 수박의 빨간색과 같은 황홀감과 달콤함까지 맛보는, 그림을 그림으로 보고 가는 것이랍니다.

　　　　　　이처럼 여러분이 그림과 만나기까지는 준비된 계산이 숨어 있네요. 전시회를 기획하고, 작가를 섭외하는 일만큼 중요하게 생각하는 것 중의 하나가 작품 전시를 위한 공간 구성이랍니다. 작품제작 연대순, 작품제작 기법순, 채색에 따른 시각적 기대 효과순 등등.

　관람객이 볼 때는 그냥 툭툭 못에 건 듯 비슷한 그림이지만, 보다 편안한 분위기 속에서 여유롭게 보게 하기까지, 좀 더 효과적으로 잘 보이기 위해 전시회를 준비하는 과정은 정성이 가득한 전쟁터랍니다.^^

좋은 식단(전시 기획)을 짜고, 좋은 재료(전시 작품)를 찾아내고, 보다 많은 사람들(관람객)이 잘 먹을 수(관람) 있도록 여러 사람들(작가, 전시 기획자)이 정성스럽게 차린(효과적 전시 설치) 밥상(전시회)을 여러분께서는 맛있게 꼭 꼭 씹어 먹어 주세요.

아셨지요. 작품을 제대로 관람하기 위해서는 한 번 더 읽어 보고, 순서 대로 둘러보아야 한다는 것을 말이에요.

도슨트? 알 듯 모를 듯해요
대부분의 대형 전시장에는 이분들이 계세요

전시회 설명 도우미 도슨트

도슨트(docent)라는 단어는 '가르치다' 라는 뜻의 라틴어, 'docere' 에서 유래하였어요.

바로 박물관, 미술관에서 전시회를 설명, 안내하는 분들을 가리키는 말이랍니다.

1845년, 영국에서 전시 관람을 돕기 위해 처음으로 등장했지요.

우리나라에는 최근에 이 도슨트 프로그램이 도입되었는데, 체계적인 교육 기관이 있는 것은 아니고 몇몇 미술관에서 그룹이 모여 토론을 하며 자체적으로 프로그램을 운영하고 있는 상태입니다.

전시회에 따라 '도슨트 관람'이라는 문구를 볼 수 있는데요. 미술관 안내원의 설명을 들으며 함께하는 관람을 말합니다.

이들은 미술에 대한 애정과 미술 전문지식을 겸비하고 있으며, 미술관을 방문하는 일반인들의 전시 및 작가에 대한 이해를 돕기 위해, 전시회가 기획되는 단계에서부터 전시 작가의 장르에 따른 특성, 미술사에 미치는 영향, 몇몇 주요 작품에 대한 연구를 한답니다.

2007년 말, 우리나라에서도 한 단체에서 처음으로 도슨트 전문화 과정을 만들어 체계적 교육과정을 거쳐, 적지만 약간의 보수도 있는 직업으로 정착시키려는 움직임을 보여 주고 있어요.

그래도 한국은 아직도 많은 도슨트들이 미술에 대한 애정만을 가지고 거의 무보수로 자원 봉사를 하고 있는 실정입니다.

이제는 전시장에서 그분들을 만나면 웃는 얼굴로 눈인사를 하면 어떨까요.^^*

도슨트와 함께하는 관람이 정말 좋은가요?
사람에 따라서는 미술관 관람이 싫어져요

　큰 미술관에서의 대형 전시는 거의 대부분 도슨트와 프로그램이 따로 운영되고 있어요.

　어떤 전시회는 '어린이들만'의 도슨트 관람 시간이 있고, 어떤 전시회는 '모든 나이'의 관람객이 함께하는 도슨트 관람 시간이 있어요.

　도슨트 선생님들은 일반인보다는 좀 더 미술에 대한 사랑이 깊고, 또한 그에 준한 미술 지식이 많으며, 진행 중인 기획전시에 대해서도 별도의 연구와 교육 기간을 거쳤기에 해당 전시회에 대한 설명부터 미술사 전반적인 이야기까지 귀에 쏙쏙 들어오도록 자상하게 안내해 주세요.

　그래서 도슨트 프로그램을 잘만 활용한다면 유익한 시간임에는 틀림없

지만 단점도 있어요. 내가 더 좋아하고 덜 좋아하는 작품에 상관없이 획일적으로 가다 서다를 반복하며 발걸음을 잡는 것도 그렇고, 구름 떼처럼 몰려다니며 관람객들 속에서 부대끼며 하는 관람은 자칫하다간 그림보단 앞사람의 뒤통수만 보고 끝나는 수가 있지요.

어른들도 짜증스러운 그 시간이 고작해야 어른들의 가슴 정도밖에 오지 않는 아이의 눈높이에서는 어떻게 보일까요. 아이들의 효과적인 집중 시간이 학교 수업시간인 40분이고 보면, 재미도 없고 어려운 미술 용어와 미술사가 재미있을 수 있을까요.

아이는 그 시간이 좋다고 밀어 넣은 엄마, 아빠의 눈치를 보느라 싫다고 말도 못하고, 밀폐된 실내 전시장의 분위기와 스트레스 속에서 점점 더워지니 무거운 겉옷을 벗어 든 데다 다리가 아파 자꾸 쪼그리고 앉습니다.

엄마, 아빠는 아이의 마음속에서 일어나는 거부감을 아는지 모르는지 "너, 그래도 소용없어. 왜 나와서까지 집중을 못하니."

거기다가 한마디 더 "네가 학교에서 어떻게 하는지 다 알겠어. 그러니까 공부가 그런 거야." "야! 일어나. 조금만 참아. 이러면 이따 맛있는 거 안 사 준다." 하며 끝까지 아이와의 심리전에 승부욕을 불사릅니다.

이런 경우를 많이 접하곤 하는데 문제는 그날은 그렇게 엄마의 완승으로 끝날지 모르지만, 그 다음부터는 미술관 나들이에 심리적 반발이 일어난다는 거지요.

^_^;; 사람에 따라서는 그 좋은 도슨트 관람 시간이, 강압적으로 묶어진 집단 이동으로 인해 오히려 미술관 관람을 지루하고 재미없는 것으로 싫어하게 만드는 큰 계기가 되기도 한답니다.

미술관 나들이 경험이 많고 적고를 떠나서 도슨트 설명 시간 말고 가족끼리 한가한 시간에 가서 전시 리플릿을 읽고 감상 시간을 가짐이 훨씬 나을 수 있답니다.^^*

와~ 저는 이 다음에 큐레이터가 되고 싶어요
예술 공간의 총지휘자 큐레이터, 근사한 직업이지요

"선생님, 큐레이터가 정말 멋있어 보여요."

"저도 이 다음에 큐레이터가 되고 싶은데, 어떤 일을 하나요?"

"월급은 얼마나 되나요?"

꼬마 친구들에게 자주 듣는 질문입니다. 큐레이터, 근사하기는 근사한 직업이지요. 깊은 지식으로 예술 공간을 총지휘하는 일에 가치를 둔다면.^^

큐레이터는 전시회의 테마와 방향 등을 기획하고, 그에 맞는 작가를 섭외하며 전시 기간 중에는 전시 홍보는 물론, 작품 훼손이 없도록 관리하고, 전시 후에는 작가에게 작품을 반송하는 일까지 모든 과정을 도맡아서 진행합니다.

좋은 전시회가 관람객을 만나기까지는, 전시장 앞에서 느껴지는 여유롭고 클래식한 모습과는 다르게 그 뒤편에서는 흡사 전쟁터 같은 긴장감 속에서 진행하는 여러 가지 일들이 있어요.

그 모든 것을 진행하기 위해서는 우선 미술의 다양한 장르(서양화, 동양화, 판화, 공예, 설치 미술 등)에 대한 이해와 탄생 배경 그리고 고대미술에서 현대미술로 이어지는 변천 과정을 미술사를 기본으로 하여 깊이 있게 공부하여야 해요.

또한 좋은 전시를 위해 좋은 작품을 볼 줄 아는 안목이 생기기까지 부지런히 발품을 팔아 다양한 전시회를 둘러보며 작품을 해석할 줄 알아야 한답니다.

전시장의 작품 조명 같은 작품 설치 및 공간 운영 시스템도 잘 알아야 하고, 전시회가 열리면 더욱 많은 사람에게 효과적으로 알리기 위하여 각 언론사에 홍보하는 일에도 힘써야 합니다.

작가와 일반 관람객, 작가와 다른 전시장 기획자, 작가와 컬렉터 사이를 이어 주는 다리 역할을 하는 등 일반적인 전시회의 기능과 전시 작품이 컬렉터들에게 팔리기까지의 좀 더 세부적인 기능까지 두루두루 아우를 수 있는 능력도 필요하겠지요.^^*

이처럼 큐레이터란 전시회를 모두 책임지고 관리해야 하는 중요한 자리입니다.

미술관에 소속된 큐레이터와 한 곳에 소속되지 않고 여러 전시장에서 자유롭게 전시를 기획하는 독립 큐레이터가 있답니다.

아, 잠깐. 월급은…… 하는 일에 비해 적어요.^^*

전시장 벽은 꼭 하얀색이어야 하나요?
고루하고 재미없어!

어느 날, 친구처럼 다정한 엄마와 딸이 갤러리에서 그림을 관람한 날이 있었어요. 두 사람은 미술관 나들이 경험이 꽤 많은지, 팔짱을 끼고 가벼운 대화로 관람을 하였는데, 그 광경이 잘 맞는 옷을 입은 듯 그리 편해 보일 수가 없었어요.

그렇게 둘이 대화하다가 초등학교 고학년 정도 되어 보이는 딸 아이가 물었어요.

"엄마, 미술관 벽은 왜 다 하얀색이어야 하는 거야? 너무 심심하고 고루하고 재미없어. 그림 거는 곳이니까 좀 더 파격적으로 벽지를 바르면 좋을 것 같지 않아? 안 되나?"

엄마는 난감한 듯, "당연히 안 되지. 안 그래요, 선생님?" 하며 지나가는 저에게 물었어요.

꼭 안 되는 것은 아닙니다.^^* 하지만, 대부분의 전시장 벽들이 하얀 이유는 다른 외부 조건에 영향을 받지 않고 오로지 작품만을 잘 보이게 하고, 관람객들 입장에서도 순수하게 그림 자체에만 집중해서 감상할 수 있도록 하기 위함이랍니다.

만약 전시장 벽이 벽지처럼 알록달록한 무늬가 있고 색상들이 무척 화려하다면, 작품을 제대로 관람하기 전부터 눈에 피로감이 오고 착시 현상이 생길 수도 있겠지요.

하지만 요즘은 좀 더 편안한 분위기를 주고, 작품을 더욱 돋보이도록 하기 위해 한쪽 벽에 특정한 색을 넣기도 해요.

한 예로, 서울시립미술관 〈빛의 화가, 모네전〉 때는 톤이 낮은 연둣빛으로 모네의 정원 그림에 포인트를 주었고, 예술의 전당 〈오르세 미술관전〉 때는 밀레의 〈만종〉이 걸린 벽에만 자주색을 넣었더군요.

하나코 갤러리의 '전시장 속 전시장'도 한 쪽 벽에는 연두색을, 다른 쪽 벽에는 커다란 꽃무늬 벽지로 포인트를 주고 조명도 따로 설치하지 않았답니다.

하나코 갤러리의 '전시장 속 전시장'

전시장의 새하얀 벽이 관람객들로 하여금 작품에만 집중하게도 하지만, 너무나 깨끗해 보여서 관람객들에게 다른 공간에서와는 다른 긴장감과 엄숙함을 주는 요인이 되기도 하는 것 같았어요.

그래서 그림이 걸린 자신들의 집을 상상해 보라는 의미에서 전시장을 그렇게 꾸몄던 것인데, 관람객들이 메인 전시장보다 그 전시장을 더 좋아하더군요.

변화하는 시대의 미술관 모습은 아이의 생각이 더 맞는 것 같네요.^^

전시장은 왜 창문도 없이 조명을 켜 놓나요?
여러 가지 이유가 있어요

전시장에 창문이 없는 이유는 몇 가지 있는데요.

첫째 이유는 창문을 통해 들어오는 자연광은 시간에 따라 해의 위치가 바뀌면서 색이 달라지기 때문이에요. 아침의 햇빛과 점심의 햇빛, 그리고 저녁 석양의 햇빛. 이 빛들이 창문을 통해 들어와 그림 위를 비춘다면 작가가 표현한 고유한 색상이 시시각각 때에 따라 조금씩 다르게 보여지겠지요.

작가들은 자기 나름대로 내고 싶은 색상이 있어요. 나뭇잎 하나하나를 표현할 때도 '초록색으로 할까? 청록색으로 할까?' 를 놓고 어떤 색이 자

신의 생각을 잘 보여 줄까, 고민한답니다. 색이란 작가들에게 매우 예민한 부분이지요.

둘째는 햇빛의 밝기는 시시각각 변하고 특히 남동쪽에서 들어오는 강렬한 햇빛은 너무 자유분방(^^)해서 산만하기 때문에 관람객이 그림을 차분하게 감상하기 힘들어요. 자유분방한 장소가 더 어울리는 경우가 있고, 조금은 어두우면서 아늑한 장소가 더 어울리는 경우가 있는데, 미술작품 감상은 후자에 속하지요.

셋째는 작품이 오랫동안 햇빛에 노출되면 탈색되거나 빠른 건조로 인해 부서지는 등 쉽게 훼손되기 때문이랍니다.

^_^* 이러다 보니 언제나 똑같은 위치, 똑같은 밝기로 비추는 은은한 전시장 조명이 좋은 것이지요.

아! 그리고 또 하나! 예전에는 전시장을 굉장히 환하게 해 놓았던 것에 비해 요즘은 조금 어둡게 하고 있어요. 물론 미술관마다 정도의 차이가 있고, 전시 작품의 장르에 따라 다르지만 약간 어두운 상태에서 작품에만 집중 조명을 하는 게 요즘의 추세예요.

제 경험상으로도 약간 어두운 전시장에 관람객들이 더 오래 머무르더군요.

아마도 어두운 엄마 뱃속에서 나와서 그 분위기에 편안함을 느끼지 않나 개인적으로 그런 생각을 해 보았답니다. 흠…… 뭐든 엄마 뱃속 열 달이 주는 영향력이 대단한 것 같아요.

다음 미술관 나들이에서는 전시장의 조명을 한번 유심히 살펴보세요.^^

가만히 들어 봐. 여기서 음악소리가 들려!
그 작은 2%의 효과

아빠와 예쁜 딸이 다정한 모습으로 관람을 하러 온 적이 있습니다.

작품을 한참 감상하다 문득 생각난 것인지, 아니면 갑자기 음악이 귀에 들어온 것인지, 초등학교 1학년이라던 그 귀여운 꼬마가 "아빠, 가만히 들어 봐. 여기서 음악 소리가 들려." 하며 같이 온 아빠를 보더군요.

얼굴 표정을 보니, 꼬마는 분명 음악이 흐르는 미술관 나들이가 처음인 듯했어요.

아빠는 딸의 갑작스런 질문이 별로 어려운 것이 아님에도, 얼굴이 심하게 붉어지며 머뭇머뭇하더니 대답을 기다리는 딸에게 간단하게 답하더군요.

"응, 그래.ㅡ.ㅡ;;"

아이는 아빠의 더 긴 이야기를 기다리는 양, 발걸음을 멈춘 채로 아빠의 입 모양을 주시하기에 내가 구원병으로 나섰답니다.

"그래, 음악소리가 들리니 좋지? 마음 편안하게 작품 감상하라고 어렵지 않은 클래식 음악을 틀어 놓았는데, 어때, 마음에 드니?^^"

"아, 네에.^^"

좋은 것은 알지만 왠지 좀 어려운 곳, 미술관. 큰맘 먹고 발걸음을 미술관으로 옮겼는데 부끄럽기도 하고 쑥스럽기도 하고……. 그건 자주 가는 사람들도 마찬가지예요.

하지만 모처럼만에 용기를 내어 전시장에 들어섰는데, 잔잔한 음악이 흘러 편안한 분위기라면 더욱 좋겠지요. 아, 그것은 내 발소리보다 말랑말랑하고, 긴장감에 삼키는 침 소리에서 나를 자유롭게 해요.

과거의 미술관에서는 어떤 말소리, 어떤 음악소리도 절대 용납하지 않는 곳인 양 근엄한 분위기와 고요함으로 불편함을 느낀 관람객들이 전시장에서 도망치듯 빠져나오곤 했었지요.

하지만 요즘은 모든 전시장이 다 그런 것은 아니지만, 몇몇 전시장에서는 전시 내용과 구성에 어울리는 클래식 음악을 틀어 놓기도 해요.

음악을 틀어 놓으면 관람객이 전시장에 들어서는 순간 한결 편안해하기 때문입니다. ^^*

음악이 있고 없음에 따라 관람객들의 반응이 눈에 띄게 다른 것을 보면 사람은 원래 엄마 뱃속에서부터 수많은 잡음에 노출되어 자라 왔기에, 적당히 시끄러운 곳에 있는 편이 오히려 더 안정적인 것이 아닌가 생각돼요. 아기들도 아주 조용한 곳보다, 약간의 소음이 있는 곳에서 더 잘 자듯이요. ^^

전시장에서 귀로는 음악을 들으며, 눈으로는 천천히 깊이 있게 그림을 감상하는 건 어떨까요?

아, 여기서 갑자기 장난기가 발동하네요. 만약 전시장에서 길거리 옷가게처럼 신나는 댄스 음악을 틀어 놓으면 어떻게 될까요? 그림을 보며 고개를 끄덕끄덕, 발장단을 톡톡톡. 전시장에 더 오래 있게 될까요? 아니면 빠른 음악에 등 떠밀려 전시장 밖으로 빨리 쫓겨날까요? 우리 몸이 어떻게 반응할지 궁금해지네요. ^^

세상에 에누리 없는 장사가 어딨나요?

너무 비싼 블록버스터 전시 1

오르세 미술관전, 밀레의 여정전, 살바도르 달리전, 모네전, 반 고흐전…… 이와 같은 유명한 블록버스터 전시는 대부분 관람료가 어른 12,000원, 청소년 9,000원, 어린이 7,000원 정도입니다.

오랜만에 온 가족이 예술적 감성지수를 높이고, 생활 수준을 업그레이드시켜 보자는 의견을 모아, 전시를 보기로 마음을 먹었는데 막상 지식 업그레이드 조건부의 지출은 엄청 큰 부담이 돼요.

계산기를 두드려 보고는 한순간 갈까 말까 고민도 되지만, 매일 TV 하단으로 흐르는 그 블록버스터 전시 광고는 매시간 TV 밖으로 보이지 않는 무언의 레이저를 쏘아 댑니다.

"저를 보러 오세요~ 거장 전, 세기 마지막 전이네요~ 이번에는 진품이네요~ 죽기 전에 꼭 봐야 해요~"

부담스러운 가격임에도 일단 관람하기로 마음을 먹었다면 우선 할인권을 얻을 수 있는 방법이 없는지 능력 안에서 추적을 시작하세요.

지갑 속 지폐보다도 많은 신용카드와 멤버십 카드로 전시장 할인권 받기는 가장 손쉬운 방법이에요. 전시회 홈페이지에서 결제할 경우 할인 혜택을 받을 수 있다면 단번에 성공! 그게 여의치 않다면 여러 미술관 홈페이지나 공연정보 사이트의 각종 문화 이벤트에 열심히 응모해 보고, 여기저기 인터넷 파도타기를 해 보기도 하지요. 만약 운 좋게 당첨이 되어 20% 할인권을 받게 되면 큰 절약임에는 틀림없어요.

그래서 정말 가고 싶었던 블록버스터 전시의 무료 초대권이라도 두 장 생기는 날은 와아, 로또 당첨만큼이나 가슴이 뿌듯하답니다.

하지만 인생에서 그렇게 운 좋은 날이 얼마나 되던가요.^^*

국내 작가의 전시 관람료는 보통 적게는 천 원부터 많게는 삼천 원까지이며, 무료인 곳도 많습니다. 비교적 비용이 적게 드는 국내 작가의 전시회도 내 돈 들여 잘 가지 않으면서도, 외국 대형 전시는 꼭 가고자 하더군요.

이렇게 관람료가 비싸도 "외국 미술관에 가는 비행기 값보다 싸니까." 하고 스스로를 위로하며 전시 관람을 하지요. 하지만 좋은 작품 전시회와 관람료가 꼭 비례하는 것은 아니니, 블록버스터 전시가 부담스럽다면 비

교적 저렴하지만 실속 있는 국내 작가의 전시회를 찾는 것도 한 방법이 될 수 있어요.

자, 그럼 블록버스터 전시회는 왜 이렇게 비쌀까요?

작품 보험료, 작품 운송비(비행기·배), 작품 대여료, 홍보물 제작·인쇄비(전시 도록, 포스터, 대형 현수막), 진행요원 인건비(전시 안내원·청원 경찰), 전시 자료 수집비, 전시장 설치비(자재 소모품·특수 안전 장치), 기자 간담회 등 언론 홍보비용(신문·TV·라디오), 통신비, 사업 진행 비(자료 발송, 초청장 발송) 등이 붙기 때문입니다.

전시 속 진실, 이제는 조금 차분하게~
너무 비싼 블록버스터 전시2

와~아, 전에는 블록버스터 전시라면 일 년에 한 번 정도 열렸는데, 요즘은 큰 미술관들이 서로 경쟁하듯 일 년에 서너 번 정도를 개최하니, 이제는 특별한 것이 아니라 식상하기도 하답니다.

신문사나 방송사들은 어디서 그런 화려한 기사 제목과 수식어들을 만들어 재주도 좋게 사람들의 마음을 빼앗는지······.

많은 TV 프로그램에서 전시 관련 특집방송을 내보내고, 신문의 사고(社告)나 다른 지면에 특집 기사가 실리는 것은 신문사나 방송국이 해당 전시회를 협찬하기 때문이랍니다.

전시회에 많은 관람객이 와야 그에 따른 수익을 얻을 수 있기 때문에, 가능한 한 굵직하고 그럴듯한 제목을 붙여 방송과 기사를 내보내지요.

잘 모르는 사람들은 전시 관련 언론 보도 때문에 꼭 봐야 할 것 같은 떠밀림을 당하여 비싼 관람료를 지불하고, 아수라장 같은 곳에서 사람들 뒤통수 사이로 멀리 보이는 작품을 간신히 감상합니다. 아이들은 바닥에 앉아 사람들에게 밟히면서 전시 제목을 써 오기 바쁘고요.

물론 외국의 블록버스터 전시들을 통해 또 다른 문화와 시대를 경험하는 것도 좋지만, 비싼 입장료를 내고 관람하기 전에 전시회의 의미에 대해 공부해 보고, 자신의 취향에 따라 스스로 선택하여 가는 것이 좋을 것 같아요. 그런 전시는 몇 년 후에 재구성되어 다시 한국을 찾을 테니 이제는 블록버스터 전시에 조금 차분해졌으면 합니다.

저 또한 2000년 덕수궁 미술관에서 열린 〈오르세 미술관전〉을 관람한 적이 있었어요. 입장료가 비싸기는 했지만, 그래도 프랑스행 비행기 값보다 쌌고, 한국에서 다시는 보지 못할 것 같아, 없는 시간 쪼개어 전시 마지막 날 보았지요.

그런데 2007년에 예술의 전당에서 〈오르세 미술관전〉이 또 열렸습니다. 물론 전시 구성과 작품이 조금 달랐지만, 저는 개인적으로 재구성된 2007

년 전시가 더 좋았답니다.^^

또한, 이러한 블록버스터 전시회 전시장인 서울시립미술관, 국립현대미술관, 국립중앙박물관, 예술의 전당 등은 그 규모와 운영시스템에 있어, 이미 이름만으로도 막강한 힘을 자랑하며 국민들의 신뢰감을 얻는 곳입니다.

저렇게 큰 미술관에서 하는 것을 보니 좋은 전시겠지, 참여 작가들이 인지도 높은 거장들이니 다 좋겠지. 언론 보도, 큰 미술관, 거장의 작품 이삼박자가 블록버스터의 보증수표가 되어 연일 대박을 내고, 또 대박을 꿈꾸며 계속 열리고 있는 것이지요.

물론 다 그런 생각들을 하는 것은 아니지만 상당수의 블록버스터 전시 뒤에는 다른 나라 그림(상품)을 비싼 값에 빌려 와 수익을 내려는 상업적인 계산이 숨어 있다는 것을 알아야 합니다.

어, 큰 기업에선 미술관을 꼭 운영하네?

우리 회사는 문화기업, 사업 전략이지요

요즘 들어 이름만 들어도 다 아는 우리나라의 대기업들(롯데, 금호아시아나, 삼성, SK 등)과 우리나라를 대표하는 여러 언론사(조선일보, 중앙일보, 동아일보 등)들이 여는 전시장이 늘고 있어요.

롯데화랑, 성곡미술관, 금호미술관, 일민미술관, 리움미술관, 나비미술관처럼 다양한 규모의 전시장이 생기면서 우리 일반 관람객들은 더 자주 예술을 접할 수 있게 되어서 좋아요.

그럼 이들은 무엇을 얻으려 전시장을 운영하는 걸까요? 전시회를 통해 그림을 팔아 돈을 벌려는 걸까요? 다른 사업에 비해 생필품이 아닌 그저 기호에 맞는 선택 상품으로 그림을 파는 것은 큰 돈이 되지 않는다는 것

을, 이들이 더 잘 알고 있을 거예요. 역사 유물이나 그림에 관심이 많아서
(물론 이런 분들도 계시기야 하지요.) 학문적인 가치가 있는 작품들을 모아 분
석, 연구하려는 것도 아닙니다.

^_^* 가장 큰 이유는 문화기업이라는 간접적인 홍보 효과
를 얻기 위함이랍니다.
이들은 국민들을 대상으로 물건을 팔아 돈만 버는 것이 아니라, 벌어들
인 돈으로 문화 봉사를 한다는 문화 의식을 가진 지적 기업으로 이미지
를 개선하려는 것이에요.

미술관을 이용하여 그 지역의 문화 인구와 공감대를 가지려는 깊은 뜻
을 가진 경영 전략이랍니다.

한편으로는 부자 기업인 이들은 미술관이라는 멋진 공간을 만들어 자체
적으로 생산하고 있는 상품들을 간접 홍보하는 수단으로 활용하기도 해요.
벽면 대형 TV, 컴퓨터, 핸드폰 등 최첨단 상품을 만드는 회사는 전시장
곳곳에 더욱 노골적으로 광고를 합니다. 전시장 안에서 멋들어지게 부분
부분 위치하고 있으면 그 제품들이 더 멋있게 보이겠지요.

또한 인지도 높은 작가들의 작품만을 사들여 소장품 전시회를 열면서 전시 기능도 하고, 또 다른 재산 형태로 보관하면서 시간을 한참 보낸 뒤, 그림 값이 오르면 되팔아 수익이 발생하기를 기다리는 또 다른 사업 전략이 숨어 있기도 하답니다.

후원사가 많으면 좋은 전시회?

후원사와 전시장의 관계

알록달록 눈길을 끄는 전시회 광고 현수막이 있어요.

재미있는 전시회 같아서 내용을 자세히 읽어 보니, 와아, 굉장하네요.

후원사와 협찬사 이름이 깨알같이 아주 많아요.

그러면 일반인의 입장에서는 1차적인 선입견을 가지게 됩니다. 저렇게 큰 회사들과 공익 기관에서 후원하니 꽤 큰 규모의 전시, 인정받는 전시인가 보다, 한번 가 볼까 하는 마음을 가지게 되지요.

후원업체가 많은 전시회는 일단 사람들에게 '이 전시회는 이러이러한 여러 기관의 지원을 받을 정도로 좋은 전시회'라는 인지도를 높이고, 또

협찬사들로부터도 물질적 지원을 확보하기 위한 중요한 수단이 되기도 해요.

전시장은 이 후원사들을 등에 업고 협찬사와 관람객들을 동원하지요.

후원은 주로 교육부나 문화관광부, 과학기술부 등의 정부기관이나 학술·문화재단과 같은 공신력 있는 공익 기관을 1차 대상으로 합니다.

후원 요청서가 받아들여지면, 그 명칭을 모든 인쇄 및 광고물에 표기하는 것이지요.

그러니 전시 주최 측은 전시를 기획하면서 후원 요청서를 만드는 것에 정성을 들인답니다.

후원업체는 문화예술 지원에 대한 마인드를 갖춘 회사로 수익의 일부를 좋은 일로 사회에 환원한다는 긍정적인 이미지로 자사를 간접 홍보하는 효과가 있어요.

전시회 홍보물이 붙어 있는 곳에 항상 함께 업혀 홍보가 되기 때문에 서로 좋은 것이지요.

전시회의 주최 측과 공동 참여한 방송국이나 신문사들의 특집 프로그램과 특집 기사가 보도될 때마다 협찬처가 간접적으로 보여지니까요. 따로 번거로운 수고 없이도 전시 홍보물에 따라붙는 그러한 광고 효과들이 협찬처들에게는 큰 의미를 지니는 것이지요.

사실 기획전시를 하는 작은 갤러리들은 누군가의 후원이 정말 필요합니다. 그러나 정작 이런 곳에는 후원의 손길이 닿지 않아서 경영이 힘들고, 자체적으로 살아날 수 있는 큰 미술관에는 후원을 하겠다고 먼저 연락이 옵니다.

그다지 바람직한 현상은 아니지요.^^

각 전시회에 따라 일시적 협찬도 있지만, 예술의 전당과 같은 큰 미술관은 후원회를 조직하여 운영하기도 해요. 기부금에 따라 다양한 예우를 받지요.

후원인을 위한 행사가 열리기도 하고, 기획전시나 개막 행사에 초청이 되며, 전시 관련 도록을 무료로 받아 볼 수 있어요. 또 미술관이 발행하는 다양한 인쇄물과 미술관 홈페이지 등에 후원처 명단이 게재되고, 미술관이 운영하는 문화강좌에 할인이 제공되는 등 여러 가지 특혜를 받으니, 후원할 만하지요.

우리나라는 후원과 함께 얻어지는, 돈으로는 환산할 수 없는 수익성을 고려하여 기업체들이 많이 하고 있지만, 미국이나 유럽의 나라에서는 지역자치단체와 개인 후원자들이 많아요.

예술 공간이 그 지역에 있다는 것만으로도 큰 자랑이 되기 때문입니다.

우리나라에서도 이런 후원 문화가 빨리 정착이 되면 미술관에서는 큰 힘이 되어 더 좋은 전시회를 마련할 수 있을 텐데요.^^*

제3전시장 속으로

알아야 더 보인다

코끼리처럼 무겁게, 독수리처럼 날카롭게, 원숭이처럼 의심을!
'맛있는 콘플레이크'로 미술동네 맛보기
왜 고대·중세에는 역사화, 종교화가 많나요?
동양화와 서양화는 감상법이 분명 달라요
〈금강전도〉와 〈인왕제색도〉를 꼭 보시옵소서
〈영통동구도〉와 〈고사관수도〉를 업고 놀자~
나는 미술관에 처음 왔는데요
나는 초보 딱지는 떼었는데요
책 속의 책_현대미술을 제대로 알기 위한 감상법
알고 가면 뜨거운 미술, 모르고 가면 차가운 미술

코끼리처럼 무겁게, 독수리처럼 날카롭게, 원숭이처럼 의심을!
그림을 만나는 우리들의 자세

대부분의 관람객들이 전시장을 둘러보는 모습을 보노라면 우리나라의 빨리빨리 정서가 다 보이지요. 무슨 급한 일이 있는 듯 발걸음이 너무 빨라요.

이런 조급한 발걸음은 우리 갤러리에서만 보는 것이 아니라, 다른 큰 미술관에서도 보는 흔한 풍경이에요.

제1전시장에서 후다닥, 다음 제2전시장으로 후다닥, 후다닥 후다닥.^^*

외출할 때 옷차림도 운동장에서 놀 때와 파티장 갈 때가 각각 다른 것처럼, 몸의 움직임도 운동장과 같은 실외에서는 가벼운 몸짓이 좋겠지만, 전시장에서는 느림의 미학이 빛을 발한답니다.

발걸음은 코끼리처럼 무겁게, 눈빛은 독수리처럼 날카롭게, 마음으로는 원숭이처럼 끝없는 의심을!^^*

이런 자세로 오랜 시간에 걸쳐 그려진 그림 속에서 숨은 가치 찾기를 해야 하지요.

예를 들어, 나무가 있는 풍경이라면 이런 질문들을 해 봐요.

"이 작가는 그림의 소재로 왜 나무를 선택했을까?"

"이 작가에게 나무는 어떤 의미일까?"

"어떻게 나무를 이렇게 변형시킬 수 있었을까?"

"어라? 그림 재료로 이런 것도 사용할 수 있네. 보존 기간은 얼마나 될까?"

"이 작가는 움직이는 작품을 위해 어떤 원리를 이용했을까?"

스스로에게 질문을 해 보고, 작가의 입장에서 상상해 보세요.

혹, 운 좋게 전시장에서 작가를 만난다면, 질문을 해 보세요.

질문이 꼭 세련되지 않아도 좋아요. 사소하고 단순한 질문들이 좋습니다.

멋진 질문을 해야 그래도 근사해 보이지 않을까? 내가 하는 질문이 너무 우습다고 흉보는 건 아닐까?

마음속에는 하고 싶은 질문이 많은데, 어떤 식으로 질문할까 망설이다가 작가를 놓치지는 마세요. "선생님, 작품 참 잘 보았습니다. 덕분에 모처

럼 마음이 즐거워요.^^" 하고 가볍게 인사를 건네 보세요.

　이 정도의 표시를 한 후에 좀 더 구체적으로, 특히 더 마음에 드는 작품에 대해 묻는 거지요. "저는 특히 이 작품이 마음에 와 닿는데, 이 작품을 잘 볼 수 있는 관람 포인트라도 있을까요?"라거나 조금 어려운 작품 앞에서는 "이 작품에 자꾸 눈이 가는데, 사실 제게는 좀 어렵네요. 좀 쉽게 이해하려면 어떤 식으로 접근하면 좋을까요?" 뭐 이런 정도로 말해도 아주 멋진 관람객이 된답니다.

　이런 말이 쑥스럽다면 "작품 참 잘 보았습니다.^^" 하고 짧은 한마디만 해도 작가들은 너무 좋아해요. 사실 작가 입장에서도 작품을 본 관람객들의 마음이 궁금하거든요.

　멋진 창작물을 만드는 사람들이라도 다 우리네와 같은 사람이니, 작아질 필요는 없어요.^^*

'맛있는 콘플레이크'로 미술동네 맛보기
화가, 평론가, 전시장에 대한 아주 친절한 설명

어느 날, 열한 살 꼬마숙녀 관람객이 제게 물었어요.

"그림과 관계되는 화가, 평론가, 전시장에 대해서 쉽게 설명해 주실 수 있어요?"

^^* 우유를 부어 먹는 맛있는 '콘플레이크(작품)'를 예로 들어 볼까요?

화가(1차 생산자)

아이디어를 이용해 콘플레이크를 '만드는' 사람

간편하게 아침 식사를 해결할 수 있는 방법에는 뭐가 있을까?

나만의 방법으로 식사 대용식을 만들어야겠어.

우유에 시리얼을 넣어 먹는 건 어떨까?

시리얼의 주재료는 무엇으로 할까? 현미? 보리? 사과? 아몬드? 옥수수?

그래, 옥수수가 적당히 단맛도 주고, 위에 부담을 주지 않으니 주재료는
이것으로 쓰면 되겠어. 크기와 모양은 어떻게 할까?

이렇게 해서 1차 생산자(화가)는 맛있는 콘플레이크를 만들었겠지요.

평론가 (2차 생산자)

콘플레이크를 '분석, 의미를 부여' 하는 사람

이 콘플레이크는 1차 생산자가 나름대로 깊이 생각하고 각 재료를 탐색
하여 만들었군.

어떤 작용에 의해 이런 맛을 내는지 좀 더 체계적인 분석과 의미를 더해
이 콘플레이크에 관심 있는 사람들에게 글로 써서 알려야겠다.^^*

"이 콘플레이크에는 수입산 옥수수 88%와 백설탕, 식물성 유지, 정제
소금, 맥아엿, 혼합비타민 등이 함유되어 많이 달지도 않으며 탄수화물,
당류, 단백질, 지방, 포화지방, 나트륨 등의 영양 성분이 들어 있습니다.
이 제품이 깔끔한 맛을 내는 것은 아몬드, 해바라기 씨를 사용한 제품과
같은 라인에서 제조했기 때문입니다. 내포장 재질을 폴리프로필렌수지로
썼기 때문에 포장 안에서 부서짐이 훨씬 덜합니다."

이렇게 콘플레이크 봉투에 여러 각도로 설명(작품 평론)이 더해져서 구매자(관람자)들에게 콘플레이크의 신뢰감과 이해를 더해 준답니다.^^

전시장 (진열 판매하는 매장)

콘플레이크를 가장 효과적으로 '보여 주는' 공간

식사 대신으로 요즘은 간단한 대용 식품이 인기가 있으니 콘플레이크를 많은 사람이 알 수 있도록 진열해야겠다.

어느 회사에서 나온 콘플레이크가 맛있나? 어느 쪽에 진열할까? 어떤 기간, 어떤 시간대가 좋을까? 어떤 사람들에게 특히 더 홍보해야 할까? 콘플레이크 시식회(체험 프로그램)도 해 보고, 전시하고 있다고 여러 대중매체에 알리기도 하고, 혹 마음에 들어 하는 사람들에게는 팔기도 해야지.

관람객 (아이 쇼핑, 구매자)

콘플레이크를 구경하고 '평가, 구매' 하는 사람

우와, 이렇게 먹음직스러운 콘플레이크가 있었다니! 지금껏 한 번도 맛보지 못했던 고소한 맛이네. 무슨 재료로 만들었을까? 냄새도 좋은 걸? 맛만 볼 것이 아니라 이참에 건강을 위해 한통 구입해서 아침식사 대용으로 먹으면 좋겠네.

자, 2차 생산자(평론가)는 이것에 대해 뭐라고 했나 (콘플레이크 포장지 글을) 볼까? 음…… 어쨌든, 내 취향이야. 가격이 적당하다면 사서 가져

가야겠다.^^

　이렇게 화가가 창작한 그림을 평론가가 분석, 정리하여 구매자의 눈에
들도록 전시장 조명과 분위기를 꾸며 놓으면 관람객은 이를 구경(감상)하
고, 나아가 평가하여 구매하게 되는 것이지요.^^*

왜 고대·중세에는 역사화, 종교화가 많나요?
문맹의 백성들을 위하여

지금은 전 세계 대부분의 나라에서 학교 교육이 의무화되어 있어요. 그래서 사람들은 글을 읽고, 쓸 줄 알며, 좋은 글들을 마음대로 골라 읽는 재미까지 알아요.

하지만 옛날에는 시대 여건상 문맹들이 많았고, 17세기까지는 종교를 굉장히 중요하게 여겼지요.

^_^* 르네상스시대에는 인간을 새로운 사상의 중심에 넣으려 했지만 그래도 긴 시간 속에서 종교는 대단한 힘을 발휘했고, 사람

들의 마음의 양식이며 감동 그 자체였지요. 백성들의 정서 함양을 위해 더욱 그렇게 만들었다고 봅니다.

이처럼 종교화부터 현대 추상화까지 그림의 중심 주제는 시대적 흐름을 타는데, 덜하고 더함의 차이만 있을 뿐이랍니다.

역사화처럼 국민들에게 알려야 할 중요한 사건이 있으면 그림으로 그려 널리 알리기도 하고, 기타 모든 계몽하고자 하는 내용이 생기면 그림을 통해서 알렸지요. 귀족들은 자신의 자랑스러운 모습과 가문의 영광을 그림으로 그려서 문장(紋章)과 더불어 기록으로 남기고자 했지요.

오늘날은 절대적인 빈곤에서 어느 정도 벗어나 먹고사는 데 큰 걱정이 없어져서인지, 예술이 다른 무엇의 수단이 아닌 그 자체로서 의미를 지닌 것으로 받아들여지고 있지만, 한때는 국민들에게 지식 전파와 종교 전도의 수단으로 존재할 때가 있었답니다.

그러면 시대적 흐름에 따라 그림의 중심 주제가 어떻게 변천되어 왔는지 볼까요.

종교화 종교가 삶의 전부이던 16~17세기 문맹의 백성을 위해 전도와 계몽의 차원에서 그린 그림이에요.

풍속화 종교화 이후 처음으로 사람들의 일상이 그림의 한 장면으로 등장하였으나 자연과 인간은 종교적 부속물 정도로 처리되었어요. 18세기 네덜란드에서 성행했지요.

풍경화 예전처럼 종교화 뒤에 풍경이 살짝 나오는 수준이 아니라 자연 그 자체를 대상으로 한 그림이 등장했어요. 네덜란드에는 다양한 풍경화 전문 작가들이 많았지요.

정물화 17세기 네덜란드에서 시작되었어요. 정물화로 유명한 화가로는 프랑스의 샤르댕이 대표적이에요.

초상화 17~19세기 돈 많은 상인들이 기록화로 자신의 얼굴을 많이 그렸지요.

신화화 그리스 신화는 모든 문화의 기본이 되었어요. 신들을 은유적으로 상징하는 그림이 많아요.

역사화 대형 사건을 보도하는 것으로, 교육적 효과의 극대화를 위해 화가의 감정이 이입되었어요. 19세기 중반까지 많이 그려졌답니다.

추상화 이 책 안에 좀 더 구체적으로 언급된 내용을 읽어 보세요. (본문 149페이지 「현대미술을 제대로 알기 위한 감상법」)

동양화와 서양화는 감상법이 분명 달라요
동양화를 감상하는 우리들의 격조 있는 자세

박물관이나 큰 미술관에서 동양화, 특히 산수화 전시회에서 자주 잘못된 관람 풍경을 보곤 해요. 물론 정해진 법칙이 있는 것은 아니지만, 장르별로 조금씩 감상법을 달리하는 것이 좋답니다.

왜일까요?

그것은 장르에 따라 창작 과정이 다르기 때문이에요.

우리가 아는 서양화는 대부분의 작가들이 이젤을 세운 다음, 그 위에 캔버스를 올려놓고 작가 자신이 정면으로 보면서 그림을 그렸어요. 멀리서 보기와 가까이에서 보기를 반복하며 작업하기 때문에 그림이 1시점이지요.

그래서 대부분 서양화의 경우에는 한 작품 앞에서 멀리서 보기도, 또 가까이 가서 보기도 하면서 가시적 공간을 확보하는 관람 자세가 작품 감상에 좋아요.^^

하지만 동양화는 대부분 바닥에 재료를 펼쳐 놓고, 작가가 가까운 거리에서 엎드려서 위에서 아래를 내려다보는 자세를 취하여 그림을 그립니다.

그림 내용 또한 여러 풍경을 작가가 돌아다니며 옮겨와 한 장면에 그리

호베마, 〈미텔하르니스의 마을길〉, 1689년, 캔버스에 유채, 103.5×141㎝

기에 다시점이므로, 관람자는 그 작품 내용을 좀 더 충실히 감상하려면 그림 가까이에서 이야기 내용을 따라 옆으로 가면서 감상하는 것이 더 효과적이랍니다.

초상화의 감상 포인트도 조금 다른데, 서양의 초상화는 있는 그대로 똑같이 그려 낸 형상과 그에 따른 여러 색채 중심의 표현법이 판단의 절대적인 기준이 되지요. 반면 동양의 초상화는 외형적 형태와 색으로 단순히 외형만을 묘사하기보다는 표현하려는 인물의 사상과 심상 표출(즉 심리적 특징까지 닮게 그려야 함을 의미)을 우선 중요하게 생각하기 때문에 여백의 미, 곡선의 미, 번짐의 미와 같은 그림이 지닌 독특한 격조를 느낄 수 있는 감상법을 택하는 게 좋아요.

이인문, 〈강산무진도〉 부분, 조선 18세기, 비단에 채색, 43.8×856cm, 국립중앙박물관 소장(중박 200805-108)

렘브란트, 〈자화상〉, 1659년, 캔버스에 유채, 84.5×66cm

    게다가 인물이 입고 있는 의복 색상과 거기에 그려진 무늬를 자세히 들여다보면 인물의 직업, 신분을 알 수 있어서 숨은그림찾기를 하는 것 같은 재미를 톡톡히 느끼곤 해요.

    서양화는 직설적으로 보여 주는 경우가 많은 것 같고, 동양화는 은유적인 것이 많은 편인데, 저는 개인적으로 은유적인 표현을 더 좋아한답니다.*^^*

작자 미상, 〈이채 초상〉, 조선 1807년, 비단에 채색, 99.2×58㎝, 국립중앙박물관 소장

〈금강전도〉와 〈인왕제색도〉를 꼭 보시옵소서
한국 회화에서 빼놓을 수 없는 진경산수

　우리가 박물관에서 만나는 옛 회화 작품들은 주로 누렇게 빛바랜 종이 위에 너무나 심심하고 단조로운 먹선 몇 획과 여백 위의 그림이지요.

　하지만 그 심심한 분위기가 사뭇 정적이면서도 신비로워서, 산수화 속의 안개가 전시장으로 사르르 쏟아지는 것 같습니다.

　풍속화 속 선비가 시종아이가 내어오는 탁주를 바라보며 시원스레 발 담그고 있는, 그 시냇물 소리가 들리는 듯도 합니다. 조명마저 졸고 있는 듯한 그 느낌은 잠시 우리를 4차원의 세계로 빨아들이는 듯한데, 그 이상한 힘은 무엇일까요.

　신비스러운 듯 어둡게 조절한 전시장의 조명은 그 작품이 그려지던 시

정선, 〈금강전도〉, 조선 1734년, 종이에 담채, 130.7×59㎝, 호암미술관 소장, 한국학중앙연구원 제공

정선, 〈인왕제색도〉, 조선 1751년, 종이에 담채, 79.2×138.2cm, 호암미술관 소장, 한국학중앙연구원 제공

절을 고려한 것인지 모릅니다. 그때는 오늘날의 대낮 같은 밝기의 전깃불이 없었을 테니 은은한 촛불 아래에서 그림을 그렸을 거예요. 그래서 그 시절로 돌아간 듯한 조금 어두운 조명이었을 때 그 그림을 제대로 느끼게 되는 것이 아닌가 싶어요.

자, 호암미술관에 가시거든 겸재 정선의 〈금강전도〉와 〈인왕제색도〉를 꼭 보시기를······.

이 작품들은 다른 몇 작품과 더불어 초·중학교 미술 교과서의 표지에도 들어갈 만큼 아주 중요한 가치가 있답니다.

'진경산수화'라는 말을 많이 들어 봤을 거예요.

우리 한국 회화사에서는 빼놓을 수 없는 진경산수는 조선의 초기, 중기 때 중국에서 들여온 화보를 무조건 베껴 그리거나 관념적인 산수화를 그리는 것에 대한 비판에서 시작됐어요.

직접 사생(寫生)을 통하여 실경을 그리기 시작했는데, 정선의 작품들 〈금강전도〉, 〈인왕제색도〉는 우리의 자연을 중국의 화풍을 답습한 것이 아닌, 우리만의 독특한 시각으로 표현했기에 칭송을 받는 것이랍니다.

이 관점에서 꼭 보기를 바랍니다. ^^

〈영통동구도〉와 〈고사관수도〉를 업고 놀자~
시대와 작가의 개성에 따라 다른 전통 회화

현존하는 회화 작품은 조선시대 이후, 그중에서도 15세기 이후의 것들이 대부분인데, 이때는 다양한 일반 회화가 발달한 시기였어요.

다루어진 주제도 중국적인 것, 한국적인 것으로 다양합니다.

특히 산수는 오랜 세월 동일한 주제를 반복하여 제작하였는데, 시대와 작가의 개성에 따라 어떻게 그려 냈는지 살펴보는 것은 전통 회화를 감상하는 데 중요해요. ^^

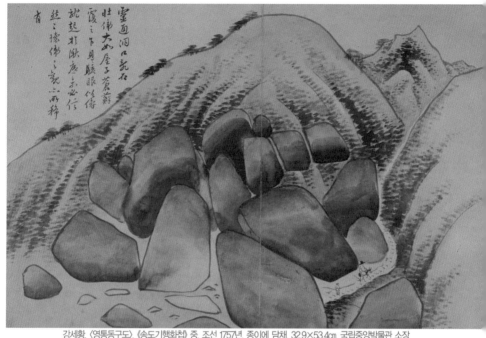

靈通洞口亂石
壯佛大如屋千蒼蘚
霞之下盡眼修僮
靚起非臥處去必信
非二懷佛之氣二而粹
有

강세황, 〈영통동구도〉, 《송도기행화첩》 중, 조선 1757년, 종이에 담채, 32.9×53.4cm, 국립중앙박물관 소장

　　그중 가장 두드러지게 보이는 작품에는 많은 것이 있지만, 한꺼번에 다
보려고 든다면 시각적인 것에 너무 노출된 우리에겐 무척 따분할 수 있어요.

　　혹시라도 국립중앙박물관에 가시거든 강세황의 〈영통동구도〉와 강희안
의 〈고사관수도〉를 찾아보세요.

　　강세황의 〈영통동구도〉는 송도를 직접 여행하면서 느낀 산수를 신선한
시각에서 표현한 실경산수의 수작이랍니다. 영통동의 입구에서 푸른 이끼

강희안, 〈고사관수도〉, 조선 15세기, 종이에 수묵, 23.4×15.7cm, 국립중앙박물관 소장(중박 200805-108)

가 덮여 있는 집채만한 바위를 본 놀라움이 잘 나타나 있어요.

강희안의 〈고사관수도〉는 시서화에 모두 뛰어났던 문인 화가의 품격을 나타내는 작품으로, 농묵의 절벽, 시원하게 드리워진 덩굴 풀을 배경으로 맑고 투명한 물을 바라보며 사색에 잠긴 선비를 그린 필선이 무척 경쾌합니다.

한국 회화는 대부분 아주 작은 사이즈인데 세필로 다양한 이야기를 이끌어내는 것이 참 재미있어요.

이제는 걸음을 늦추고 한국화 안의 다양한 등장인물과 그 인물의 행동 표현, 그리고 주위의 풍경을 보며 그것들이 상징하는 바를 알아보는 시간을 가져 보세요. 참 재미가 있답니다.＊^^＊

나는 미술관에 처음 왔는데요
교과서에서도 안 가르쳐 주는 미술 감상법 1

요즘 우리가 만나는 현대미술은 장르의 구분이 모호하리 만큼 표현법
도, 주제도 점점 다양해지고 있지요. 하지만 기본적인 감상 방법만이라도
안다면 작품이 그렇게 어렵지만은 않아요.

작가가 어떤 것에서 왜, 무엇을, 어떻게 표현했는지 공감한다면 좀 더
유익한 감상이 되겠지요?

왕초보자도 작품에 주눅 들지 않고, 효과적으로 이해할 수 있는 방법을
간단하게 살펴볼까요. 하지만 너무 깊이 알려 하면 공부하러 온 듯한 심각
함을 느끼게 되지요. 그렇게 되면 미술관 나들이가 무거워져서 편안한 감

상이 불가능할 수 있으니 그냥 살짝만 접근하기로 해요.^^*

첫 번째로 주제를 살펴봐요

화가는 무엇을 그리는가?

친근한 자연, 정물, 인물 등과 같은 그대로의 일상을 그리기도 하지만, 대부분의 현대 작가들은 인류의 보편적인 감정인 기쁨, 슬픔, 사랑, 속상함, 그리움이나 사회에 대한 느낌을 자신만의 경험에 비추어 표현하거나 특정 사물을 분석하고 해체, 재구성하여 그려 냅니다.^^

두 번째로 구성을 살펴봐요

화가는 화면을 어떻게 구성하는가?

주제가 무엇인지 알았다면, 그 주제를 표현하기 위해 화면을 어떻게 구성하였는지를 보세요. 어떤 형태로, 어떤 색채로 얼마의 공간을 어떻게 나누어 구성을 하였는지 살펴보아요.^^

세 번째로는 표현을 봅니다

화가는 어떤 기법을 구사하였는가?

작가들은 자신만의 차별화된 기법을 가지고 있어요. 전시장에 건축물을 짓기도 하고, 풍선을 달기도 하고, 사진보다 더 사실적인 그림을 그리기도 합니다.

마치 빨래터처럼 염색한 천들을 널어 놓기도 하지요. 자신만의 독특하고 획기적인 표현 기법을 갖는 것이 작가들에게는 굉장히 중요하거든요.^^

물론 사실적인 풍속화나 풍경화, 정물화, 초상화 등은 일상적인 사람들의 활동 모습이나 나무, 산, 바다의 풍경을 담거나 꽃병, 과일, 책들을 갖다 놓고 그려서 이러한 감상법이 꼭 필요 없기도 해요.

하지만 어떤 작가는 도시의 가로수 풍경화를 그리게 된 동기가 풍성한 나무들이 도시건설 정책에서 조금만 벗어나면 일렬로 가지치기 당하는 모습을 보며 작가의 무능한 삶과 비슷한 것처럼 느껴졌기 때문이라고 하니 위의 세 접근법이 효과적일 수도 있답니다.

하지만 위의 세 가지 효과적이라는 감상법으로도 이해되지 않는 모호한 그림이 있는데 그것은 추상화라는 고상한 녀석(^^)이지요.

추상화는 풍경이나 정물을 주제로 삼기보다는 회화의 본질을 탐구하기 때문에 회화의 기본 요소인 점, 선, 면 중에서 각각의 것을 선택하여 의미를 부여하고 연구해요. 또한 시간과 공간에 접근하기도 하고, 심지어는 작품의 표현 재료를 분석하는 시종일관 학자 같은 자세로 다양한 ○○주의(○○이즘)를 만들어 내며 표현합니다.

이러니 추상화 앞에서는 어떤 사물을 표현했구나 혹은 무엇을 닮았네

하는 식의 형태 찾기 감상법은 아무 의미가 없어요. 그런 감상법을 추상화에 적용한다면 커뮤니케이션의 단절이 생긴답니다.

전시장 도록에서 실마리를 푸는 정도로 하고, 좀 더 난이도 높은 추상화 감상은 초보 딱지를 뗀 다음 도전해 보세요.^^

나는 초보 딱지는 떼었는데요
교과서에서도 안 가르쳐 주는 미술 감상법 2

미술 감상이란 미술 작품에 대한 가치를 느끼고 판단하여 평가하는 종합적인 활동을 말해요.

라면을 끓이는 법은 얼핏 보면 모두 비슷비슷해 보이지만, 사람들마다 끓이는 법이 다 다르지요. 계란을 넣는 것을 좋아하는 사람도 있고, 아무 것도 넣지 않은 것만 먹는 사람, 치즈나 소시지를 넣는 사람, 심지어는 냉면으로 만들어 먹는 사람도 있지요.

이와 같이 사람들마다 자신에게 맞는 미술 작품 감상법이 따로 있는 듯해요.

그럼 초보 딱지를 떼었다면 미술 작품 보는 안목이 꽤 있는 사람처럼 나를 위한 미술 감상법을 찾아볼까요?

방법 하나, 두 작품 비교 감상하기

이것은 두 작품 이상을 서로 비교하며 감상하는 방법이에요.

그룹 전시회든 개인 전시회든 작품을 장르별 특성 안에서 표현법으로 우선 분류해서 보는 방법이지요. 각각의 특징을 비교해 보세요.

예를 들어 인물화를 감상한다면 100호도 넘는 큰 캔버스에 다양하고 강렬한 색의 아크릴 물감으로 두터운 덧바르기를 해서 거친 질감이 느껴지는 마티에르 기법으로 얼굴 하나만 그린 작품이 있고, 같은 주제인데도 종이에 물을 흠뻑 적셔서 수채화와 사인펜으로 번지기 기법을 이용한 인물화가 있겠지요.

"똑같은 인물화인데도 이렇게 색감과 공간 구성의 표현법에 따라 느낌이 다르구나. 나는 이쪽 표현이 더 마음에 든다."

뭐, 이런 식으로 비교하는 겁니다.^^

그룹 전시회 같은 경우는 참여 작가들 간의 표현 재료와 전개 과정의 차이를 생각해 보세요. 그 까닭은 무엇일까요?

어떤 작가의 표현 기법과 전개 과정이 더 효과적으로 전시 주제와 궁합

이 맞는지도 보시고요.

방법 둘, 공부벌레 같은 작품분석 감상하기

한 작품을 구체적으로 분석하여 구성 요소들의 특징을 알아보는 방법이에요. 어찌 보면, 수학자 같기도 하고 과학자 같기도 한 감상법이지요.^^

작품의 구도 공간적, 시각적으로 작품 안에서 흘러내림은 어떠한가요?
색채 어떤 색이 주제를 표현하는 데 포인트로 쓰였으며, 어떤 색이 보조색으로 쓰였나요? 그 색이 의미하는 바는 무엇인가요?
명암 밝고 어두움의 차이는 어떠한가요?
붓 자국 거친가요? 매끈한가요?
형태 형태의 비중과 선명함은 어떠한가요? 인물의 표정 및 동세(그림이나 조각에서 나타나는 운동감)는 어떠한가요?

이밖에도 비례, 균형, 조화나 작품의 시선 처리는 어디서 시작해서 어디로 흐르는지를 알아보는 방법 등이 있겠지요.

방법 셋, 어떤 큰 의심없이 직관적 감상하기
작품을 보고 분석하고 의미를 부여하기 이전에, 첫 만남의 인상 그대로

를 중시하는 감상법이에요. 어떤 학문적 접근 없이 내 육안을 믿고, 심안을 믿는 거지요.^^

　나름대로의 감상법이 생기기 전에는 내 눈이 받아들이는 대로, 내 마음이 끌리는 대로, 솔직하게 감상하는 것이 좋습니다. 그 다음에 앞에서 거론한 감상법들을 이용한다면, 더욱 재미있는 미술관 나들이가 되겠지요?^^

현대미술을
제대로 알기 위한
감상법

전시장의 호랑이 같은 카리스마, 추상화!
끈기있게 한 가지만 확대! 연구! 표현! 하지요
고흐 그림은 앗, 뜨겁다?
고갱은 타히티 섬에 뭐하러 갔을까?
산과 정물을 많이 그린 세잔이 왜 차가운 거지?
미술사의 대사건, 인상주의!

전시장의 호랑이 같은 카리스마, 추상화!
추상화, 알고 보니 쉽네요

얼마 전, 예술의 전당 전시회를 보던 중에 우연하게도 『명화를 바꾸는 아이』를 읽어서, 저를 잘 알고 있다는 열두 살 윤식이라는 남자 아이와 엄마를 만났어요. 수줍은 미소의 엄마 요청으로 『명화를 바꾸는 아이』를 읽은 소감에 대해 저자와 독자의 대화(^^)라는 기분 좋은 시간을 갖게 되었고, 함께 전시회 관람까지 했습니다.

추상화 작품 앞에서 그 아이가 내게 이렇게 말하더군요.
"선생님, 이 그림은 뭘 그렸는지는 모르겠지만, 근사해 보여요."
"(아, 근사하다.^^) 그래, 추상화는 근사한 그림이란다. 선생님이 나중에

책을 쓰면 뭔지 모르겠지만 근사한 그림, 추상화의 탄생 배경에 대해 쉽게 써 볼게.”

그렇지 않아도 가뜩이나 주눅 드는 전시장 안에서 추상화 만나기란 깊은 산속에서 호랑이를 만나는 것만큼이나 당황스러운 것이지요?

하지만 그 위풍당당 근사한 호랑이를 보며 두려움보다는 나도 모르게 관심 섞인 강렬함을 느끼기도 해요. 요놈이 도대체 어떤 놈인가 알고 싶기도 하고요. 추상화에 대한 대부분의 입장일 거라고 생각합니다.

서양 미술에 있어서 추상화란 새로운 기법을 개척하려는 화가들에게 가슴 설레는 멋진 활동으로 여겨졌답니다. 20세기 초 유럽은 근대화라는 사회 변혁으로, 마치 흥겨운 잔칫집 같은 분위기와 맞물리는 시점이라서 더더욱 신바람 나는 작업이었지요.

19세기 중반까지 화가들의 그림 그리기는 어떤 특정한 대상을 철저히 묘사하여, 실감나게 표현하는 것이었지요.

생각해 보세요. 사물을 재현만 하던 미술에서, 작가의 마음까지 표현할 수 있는 방법을 발견했을 때 화가들의 마음은 흥분의 도가니탕(^^) 그 자체였겠지요.

어린이들이 신기한 놀잇감을 처음 발견하여 호기심 어린 눈빛으로 유심히 관찰하고, 톡톡 건드려 보고, 이리저리 굴려 보며 정말 대단한 놀잇감이라는 것을 알았을 때의 마음과 같다고나 할까요. ^^

추상화의 시작은 이렇게 호기심, 관찰, 분석, 연구로 시작되었답니다. ^^

끈기있게 한 가지만 확대! 연구! 표현! 하지요
현대미술 감상의 최대 걸림돌 – 추상화

미술 비전공자가 할 수 있는 추상화에 대한 표현–

무어라 단정 짓기 쉽지 않은 애매하고, 비구체적인, 뭐 그런 것들.^^

애매한…… 뭐 그런 것들!!

네, 맞습니다! 추상화를 최대한 쉽게 나타낼 수 있는 표현은 이렇네요.

어떤 대상을 구성하고 있는 여러 회화 요소들 가운데서, 다 잘라 내고 생략하여 특징적인 것만을 뽑아내 그것을 확대하여 표현하는 것입니다.

회화의 기본 요소에는 점, 선, 면, 동그라미, 세모, 네모, 공간 그리고 수백 가지의 색들이 있지요. 그 중에 한 가지만 확대! 연구! 표현! 심지어는 표현재료도 그 대상에 들어가요.^^ 그 등장 시기는 1910년대입니다.

어쨌든, 추상화에서는 '어떤 형태를 표현했나' 찾지 마세요.

아셨지요??^^

그런데 미술 비전공자들도 잘 아는 고흐, 고갱, 세잔, 이 세 사람이 그 어려운 추상화의 시조가 되었다는 사실을 알게 된다면 추상화가 조금은 친근하게 느껴지지 않을까요.

이제 본격적으로 최대한 쉽게, 그러나 조금 긴 이야기를 하려 해요.

그 사이를 못 참고 이 추상화의 기본 배경을 뛰어넘고 간다면, 미술관 나들이는 발전도 없이 그 자리에서 맴돌 수밖에 없어요.

후기 인상주의의 세 거장 '고흐, 고갱, 세잔'의 예술은 각기 다른 추상화의 모태가 된 거랍니다.

뜨거운 추상과 차가운 추상은 서로 반대되는 표현법을 사용한답니다. 이 글을 읽은 후 정말 그런가 하고, 여러분의 책꽂이에서 이 세 화가의 그림책들을 꺼내 자세히 살펴보세요.

이제 세 사람을 따로따로 분리해서 되도록 쉽게 설명할 테니, 놓치지 말고 따라오세요.

최소한 고전미술을 알아야, 현대미술이 보입니다.^^

고흐 그림은 앗, 뜨겁다?
'뜨거운 추상화'의 시작

뜨거운 추상화, 이렇게 말하는 이유는 고흐(Vincent Van Gogh, 1853~1890)의 그림은 자기 감정 표출의 수단이 되었기 때문입니다.

화가로서의 고흐의 삶은 우울한 성장 배경과 함께 외롭고, 불안한 정신적 혼란의 상태로 가득했어요. 한순간 감정 조절이 되지 않아 고갱과의 싸움에서 귀를 잘랐고, 정신병원에도 자주 입원했었음을 우리는 대충 알고 있습니다.

고흐는 자신이 가진 외로움, 불안, 그림에 대한 열정, 광적인 에너지를 사물을 일그러지게 표현하는 것으로써, 혹은 꿈틀대는 힘찬 붓선, 원색 위주의 색상, 두터운 마티에르(물감을 덧칠하고, 붓 터치가 살아 있는)의 표현법으로 재해석함으로써 화폭에 담아 냈지요.

이러한 표현법은 그후, 1910년대에 이르러서는 칸딘스키, 마르크, 키르히너, 놀데, 들로네라는 작가들에게 영향을 주어 표현주의의 원류가 되었어요.

고흐, 〈별이 빛나는 밤〉, 1889년, 캔버스에 유채, 73.7×92.1㎝

고갱은 타히티 섬에 뭐하러 갔을까?

'뜨거운 추상화'의 시작

고갱(Paul Gaugain, 1848~1903)은 원시적인 문명이 그대로 간직되어 있었던 타히티 섬으로 들어가서 작업한 것으로 우리에게 잘 알려져 있지요. 한때 고흐와 작업을 함께하는 등, 서로 영향을 주고받으며 교류하기도 했답니다.

^_^ 고갱이 후기인상주의의 다른 두 거장 고흐, 세잔과 다른 점은 입체감이나 원근법을 사용하기보다는 사물이 가지고 있는 고유색을 부정하고, 자신이 강조하고 싶은 색채를 단순화하여 색 자체의 순수성을 추구하여 그렸다는 것입니다.

JA ORANA MARIA

고갱, 〈이아 오라나 마리아〉, 1891년, 캔버스에 유채, 87.7×113.7cm

색과 면을 분할하는 자신만의 독자적인 스타일의 양식을 탄생시킨 거지요. 표현하고자 하는 대상에 윤곽선을 그려 넣어 강렬한 분위기를 강조하기도 했고요.

그는 타히티 섬에서 이러한 특이한 발상을 완성시켰고, 이러한 화풍은 마티스, 루오, 블라맹크 등의 화가들에게 크게 영향을 미쳐 야수주의를 이루는 바탕이 되었답니다.

이쯤이면 고갱, 마티스, 루오에 관계되는 책을 펼쳐 보세요.

고갱에 대해 어느 정도 알고 난 이후의 고갱 그림은 분명 이전과는 다르게 다가올 것입니다.

산과 정물을 많이 그린 세잔이 왜 차가운 거지?

'차가운 추상화'의 시작

근대 회화의 아버지로 불리는 세잔(Paul Cezanne, 1839~1906)은 생 빅트와르 산과 과일 정물을 주로 그리면서 자신만의 그림법을 개척하였습니다. "모든 사물은 동그라미, 원기둥, 원추의 형태를 가지고 있다."라고 주장했고, 학교 미술시험에 꼭 등장하는 화가 정도로는 다 알고 있습니다.

인상주의 화가들이 대부분 그러하듯이 세잔 또한 이전의 작가들과는 매우 다른 생각으로 그림을 그렸지요.

그전의 화가들이 대상을 얼마나 똑같이 그려 내는가, 데생이 얼마나 훌륭한가, 주제 표현은 잘 되었는가 등 똑같이 재현하는 것을 잘 그리는 그림의 기준으로 삼았는데, 세잔은 나름대로 확신을 가지고 주장을 펼쳤어요.

세잔, 〈생 빅투아르 산〉, 1904~1906년, 캔버스에 유채, 65×81cm

　세잔은 우리가 그림을 그리는 대상, 즉 자연은 기본적으로 동그라미, 원기둥, 원추의 형태를 가지고 있으므로 기하학적 형태로 환원할 수 있다고 주장했어요. 또한, 많은 양의 삼원색 '빨강, 파랑, 노랑'의 색채 부여를 통해서 새로운 생기를 느끼도록 하는 표현 방식을 확립시켰어요.

　고갱의 표현 방식이 감성의 풍부함이라면 세잔의 표현 방법은 이지적이라고 할 수 있어요.

이후 세잔의 양식이 후대 작가들에게 끼친 영향이 대단해서, 피카소와 브라크에 의해 좀 더 정리되었는데, 그림 그릴 때 표현을 극도로 억제하고, 주로 기하학적인 형태와 같은 지극히 단순한 조형 요소만을 사용하는 큐비즘이라는 '차가운 추상'의 시작점이 되었던 것입니다.

어느 시대에 살든, 어떤 일을 하든 항상 의문을 제기하고, 분석하고, 의미를 찾는 깨어 있는 삶이 되었으면 좋겠어요. 세잔, 고갱, 고흐처럼요.^^

미술사의 대사건, 인상주의!
난해한 현대미술 작품들의 뒤에 인상주의가 있어요

사건? 사건! 맞네요. 미술사의 대사건, 인, 상, 주, 의!!

우리가 일반적으로 인상주의에 관해 "빛에 의해 사물의 색이 달라짐을 그렸다."거나, "이젤을 가지고 실내에서 밖으로 나갔다."라는 식으로 알고 있는 것도 맞지만, 그 이상의 아주 중요한 의미가 있는 것이 이 인상주의 랍니다.^^

그 어렵다는 추상화의 태동도 인상주의에서 비롯되었어요.

자, 우선 인상주의의 중요한 의미만 알아보기로 해요.

모네, 〈해돋이 인상〉, 1872년, 캔버스에 유채, 50×65cm

1870년, '인상주의 등장!'

이것은 미술의 역사에 있어서 아주 대단한 일이었답니다. 과학이 발달하면서 사진기가 무섭게 보급되어, 똑같이 묘사하는 그림 그리기는 아무 의미가 없어지고 있었거든요.

화가들은 당황하게 되고, 회화의 존폐 위기까지 느꼈을 그 상황에서 그들 내부적으로 순수한 미술로서의 기능, '예술을 위한 예술'로 시각을 돌

마네, 〈풀밭 위의 점심〉, 1863년, 캔버스에 유채, 208×264.5cm

리게 된답니다. 재현만을 하는 미술에서 벗어나서, 자연의 빛과 바람을 느끼기 시작했고, 그 속에서 발견되는 자연을 모네, 마네 등과 같은 깨어 있는 화가들이 그림으로 그리기 시작한 것이지요.

인상주의 작가들은 더 이상 사물을 단순하게 묘사하지 않았고, 사물 자체에 다양한 생각(정서, 이념, 사상)을 부여했어요. 작가가 보는 사물의 느낌, 자연의 빛에 반응하는 사물들, 그렇게 순간적인 사물의 인상을 포착하여 개성이 뚜렷한 작품으로 그렸답니다.

회화가 독립적인 예술 분야로 정치나 사회의 흐름으로부터 자유로울 수 있다는 자신감을 갖게 되었지요.

인상주의 = 탈개혁!!

1870~1910년 인상주의가 시작된 이후 40년 동안의 의식 변화는, 오늘날 현대미술의 장르 구분을 모호하리만큼 세분화시켰고, 내용보다는 형식이 지배하면서 어디까지가 예술인지 그 답을 말하기 쉽지 않은 상황에 이르게 되었어요.

전시장에서 사람들을 당황하게 만드는 그 난해한 현대미술 작품들의 뒤편에 인상주의가 있었던 것입니다.

드가, 〈무용 연습〉, 1872년, 목판에 유채, 19×27cm

알고 가면 뜨거운 미술, 모르고 가면 차가운 미술
이중섭과 르네 마그리트

"아는 만큼 보인다."라는 말이 있지요. 저는 이 말에 전적으로 공감하는 편인데, 특히 미술 작품을 감상할 때는 더욱 그런 것 같아요. 환상적인 꿈을 주는 내용의 그림도 작은 수고를 들여 그 탄생 배경을 알고 보면 슬픈 사연에서 시작된 경우가 많아요. 화가 이중섭이 그렇고, '꿈의 이미지'를 그리는 초현실주의의 거장 르네 마그리트도 그러하지요.

몇 해 전, 〈이중섭전〉을 둘러볼 때 있었던 일이에요.

우연히 어떤 가족과 전시장 입장을 함께하였는데, 반 바퀴쯤 돌았을 때, 엄마가 아이들에게 "이 화가도 우리처럼 가정이 화목했나 보다. 물고기랑 아이들이랑…… 그림이 행복해 보이네. 그치?" 하더군요.

이중섭, 〈봄의 어린이〉,
1953년 전후로 추정,
종이에 연필과 유채,
32.6×49.6㎝, 개인 소장

"!"

그 말에 씁쓸해했던 기억이 아직까지 남아 있어요. 이중섭은 한국전쟁이라는 시대적 배경으로 인해, 궁핍한 생활고에 시달리며 병을 얻었고, 일본인 아내와 아이들을 일본으로 떠나보내야만 했어요. 가족에 대한 그리움은 곧 그림이 되었고, 그리워하며 그린 그림은 쌓이고 그리움은 넘쳤지요.

그리운 가족들을 찾아 일본으로 가기엔 이중섭은 한 끼 식사가 힘들 만큼 너무 가난했어요. 종이와 캔버스를 살 돈이 없어 합판이나 담뱃갑 은지에 그림을 그리고, 물감이나 붓도 없어 연필이나 못으로 그렸지요. 잠자리와 먹을 것이 없어도, 외로워도 슬퍼도 그림을 그렸지요. 가족과 함께 행복했던 시절을 떠올리며, 가족에 대한 애틋한 그리움 속에서 아무도 지켜보는 이 없이 홀로 숨을 거둔 비운의 화가입니다.

이런 화가의 그림을 보고 행복한 생활을 그렸다고 하였으니, 행복했던 시절을 떠올리며 그린 외로움 속 그림을 제대로 보았다고 할 수 없겠지요.

〈르네 마그리트전〉에서도 이와 비슷한 경험을 했어요. 여학생들이 "그림이 꼭 두둥실 떠다니는 것 같아. 하늘을 나는 새의 몸으로 흰 구름이 떠 있는 하늘이 보여." "서로의 얼굴을 가리고 키스하려는 연인들이네."

이렇듯 '꿈의 이미지'를 그려낸 마그리트는 어린 시절 어머니의 죽음을 목격했어요. 물 위로 떠오른 어머니는 치마가 얼굴을 뒤덮은 모습이었지요.

얼굴을 천으로 가린 있는 인물상과 마그리트만의 차분한 색감, 안개처

마그리트, 〈회귀〉, 1940년, 캔버스에 유채, 50×65cm, 《PUBLIC ART》 제공

럼 푸른색이 감도는 그림에는 슬픈 기억 속의 우울함이 배어 있는 것이지요.

이제, 화가의 감정과 소통하는 알고 보는 뜨거운 미술과, 액자 속 알록달록한 색깔들뿐인 모르고 보는 차가운 미술의 차이를 알 수 있겠지요?

제4전시장 속으로

전시장 풍경

재료 그 자체도 작품?
예술의 침공자? 개척자?
앗! 그림이 움직인다?
이런~ 사진인 줄 알았는데, 그림이네?
팝콘처럼 톡! 톡! 튀는 미술
우와, 모니터가 움직이는 그림이네요?
낯익네, 어디서 봤더라? 아! 학교 문방구!
청계천에 35억짜리 다슬기가 있다고요?
낙서쟁이 저 꼬마, 혹시 미래의 멋진 화가?
미술 교과서를 들고 떠나 보세요~
도록에 이런 단어 꼭 있다!

재료 그 자체도 작품?
전시장에 달랑 쇳덩어리 한 점, 넓은 캔버스에 달랑 두 가지 색 – 미니멀 아트

소장 작품 전시회를 열고 있던 경복궁 옆 국제 갤러리에는 세계의 미술인들이 모두 아는 도널드 저드의 작품 〈무제〉(빨강 스테인리스 스틸)와 프랭크 스텔라의 작품 〈델라웨어 크로싱〉(한 가지 색 위에 일정한 간격의 직선이 그려진 줄무늬 패턴의 그림) 등이 있었어요.

그때 저랑 같이 입장하게 된 엄마랑 아이가 있었는데, 한 아홉 살쯤 되어 보이는 그 꼬마가 전시장에 들어서며 이렇게 말하지 뭐예요.

"뭐야~ 미술관에 그림은 없고 빨강 선반만 있네. 엄마, 아직 그림을 안 걸었어?"

그러자 엄마는 조금 난처해하며 대답했어요.

프랭크 스텔라, 〈델라웨어 크로싱〉, 1961년, 캔버스에 알키드, 194.6×194.6cm

"글쎄…… 이것도 작품일걸?"

맞아요. ^^

가끔씩 전시장에 가 보면 앞서 말한 작품들처럼 벽면에 금속으로 만들어진 동그라미나 직사각형 모양의 작품이 걸려 있기도 하지요?

작가가 거의 손을 대지 않은 이 작품들은 큰 전시장 바닥의 중앙에 놓여 있기도 한답니다.

모르는 사람의 입장에서 보면, 조각 작품을 만들려고 재료를 갖다 놓은 것 아닌가 하는 착각을 불러일으키기도 해요.

하지만, 이 작품들은 그대로가 작품이며, '미니멀 아트(Minimal Art)'라고 해요.

미니멀 아트는 1960년대 미국을 중심으로 일어난 미술 형태입니다. 미술 작품들을 최소한의 표현 수단으로, 최대의 효과를 목표로 창작하지요.

무슨 소린고 하니, 자꾸 무언가를 덧붙이려 하지 않고 그 재료 자체의 순수함으로 미감을 자극하려는 것입니다.

미니멀 아트 이전의 회화 작품들에서 보여지는 물감의 두께에 따른 질감, 붓의 터치 등 여러 형태의 그림 표현 방법과 그림에 의한 상상력을 억

도널드 저드, 〈무제〉, 1973년, 강철과 플렉시글라스

제하고, 그림 표현 수단인 색의 기본과 그림 재료의 특성만을 보여 준답니다. 이상하게도 미니멀 아트 작가 중에는 미술 이론가들이 많아요.

이러한 방식의 근원은 여러분의 미술 교과서에 나오는 빨강, 파랑, 노랑과 같은 단순한 색상과 수직, 수평의 직선의 조화로 표현하는 작가 몬드리안의 구성 방법을 생각할 수 있어요. 그의 대칭적 화면 구성은 균형으로 제한시키는 것으로써, 미니멀 회화의 전신이라고 할 수 있답니다.

그냥 알록달록 다양한 색감과 여러 형태가 조화를 이룬 그림들이 편한데, 조금 어렵다고 생각할 수도 있을 거예요.

그래도 미술관 나들이를 하다 보면 가끔 당황스러운 만남을 가질 수도 있으니 '미니멀 아트', 이 정도는 알아두자고요.^^

예술의 침공자? 개척자?
전시장에 있으면 변기도 작품이다?! - 레디 메이드

얼마 전에 새로 개편된 초등학교와 중학교 미술 교과서를 보고 깜짝 놀랐어요. 새 교과서에는 그전의 미술 교과서에 실려 있던 마냥 예쁘기만 한 작품들보다는, 사용 재료나 표현 기법에 있어 아이디어가 돋보이는 작가의 작품 사진들이 전 페이지에 걸쳐 꽤 많이 수록되어 있었어요.

물론 여전히 이중섭의 〈춤추는 가족〉, 고흐의 〈해바라기〉가 실려 있었지만, 그것은 전체 중에 아주 작은 비중이었고 앤디 워홀, 마르셀 뒤샹, 루이스 부르주아, 백남준, 클래스 올덴버그 등 현대미술 작가들 작품이 대부분이었어요.

'아, 이것이 세상의 흐름이구나.' 라는 생각이 들더군요. 그런데 학생들

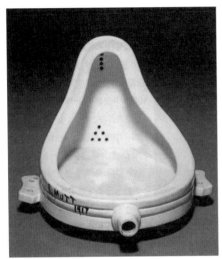

마르셀 뒤샹, 〈샘〉, 1917, 63×46×36cm

이나 학부모들이 저 많은 현대 작가들과 작품들을 얼마나 알까? 사실 국어, 영어, 수학 과목이 아닌 이상 알려고도, 알고 싶지도 않을 것이라는 생각이 들었어요.

하지만 아이들은 이제 예술문화의 가치에 비중을 두는 세상에서 살아가야 해요. 토끼가 산다는 그 달나라에 로켓 타고 가는 세상인데, 나만 두메산골에서 토끼랑 놀고 있어서는 안 되겠지요.

교육 정책에 대한 학부모들의 불만에 가득 찬 소리를 들으면서도, 왜 1년에 3번 이상 '미술관 체험' 과제가 '선택이 아닌 필수'인지 생각해 볼

일이랍니다.

　자, 그럼 이런 현대미술 세계가 탄생되기까지 큰 역할을 한 마르셀 뒤샹을 좀 알아볼까요.

　마르셀 뒤샹은 그전의 작가들과는 다른 생각을 가지고 있었는데, 숭고하게만 여겨졌던 예술을 우리의 삶 속에 함께 있는 것이라고 생각했어요. 예술과 삶을 따로 보려는 생각이 잘못된 것이며, 예술은 우리의 삶보다 즐거운 것이 아니라고 생각한 것이지요.

　　채색하고 붓질하는 전시장 내의 예술만을 생각하는 것은 예술을 구속하는 것이라고 생각한 거예요. 그래서 일상에서 흔하게 볼 수 있는 것 속에서 "저것도 예술이다."라고 하며 선택하여, 전시장 안으로 끌어 들어가 관람객들에게 다가서게 했답니다.

　그래서 남자 화장실(일상의 공간)의 소변기를 떼어다가 〈샘〉이라는 작품명으로 전시장(특수한 공간)에 놓고, 레디 메이드(ready made : 공장에서 이미 만들어진 물건을 작품으로 규정지음) 라는 당시에는 존재하지 않았던 새로운 미술 개념을 도입하였습니다.

　그리고는 정작 자신의 이름은 밝히지 않고 가명으로 서명을 해 놓았어요. 소변기에 당시 낯익은 작가 이름 '마르셀 뒤샹'이 붙었을 때와, 다른 생소한 사람의 이름이 붙었을 때 관람객이 받는 첫 느낌과 분석은 분명히 다르겠지요.

고상한 그림들에 익숙했던 그 시대 사람들에게 그의 행동은 엄청난 혼란을 일으켰답니다.

마르셀 뒤샹의 작품 창작 방법이 옳고 그름을 떠나 미술사에서 아무도 생각하지 못한 것을 가장 먼저 해내고, 당당하게 표현했다는 것에 큰 의미를 두어야 하지 않을까요?

지금 전시장에서 만나는 다양하고 어려운 미술 작품들은 대부분 마르셀 뒤샹의 영향을 받았다고 볼 수 있어요.

마르셀 뒤샹은 영원한 예술의 침공자이자 개척자랍니다.

앗! 그림이 움직인다?
작동시켜 보래. 미술 작품은 눈으로만 보는 건데 – 키네틱 아트

"전시장에 들어서면서 포스터 보고, 그림 전시회는 아닌 것 같고, 아마 조각 작품 전시일 거라고 예상했는데, 이건 또 뭐지? 다 움직이네. 전시장 맞나요? 혹시 미술 체험 놀이터인가요? 난 전시장인 줄 알고 들어왔는데…… 헐~"

키네틱 아트전에서 실제 관람객이 한 말입니다.^^

맞아요. 그냥 보통의 관람객 입장에서 보면, 벽에 걸린 동그란 동파이프가 스륵스륵~ 뎅그랑 뎅~ 뎅~ 소리를 내며 각각의 방향으로 돌아가고 있

장 팅겔리, 〈정지된 스피드〉 중에서, 《PUBLIC ART》 제공

어요.

가까이 가서 보니 전기로 돌아가도록 작가가 노력한 흔적이 보여요.

어머~ 저쪽에 있는 침대도 돌아가요. 그곳 설명서에는 '신발을 벗고 올라가 보세요.' 라고 써 있네요. 아! 이쯤 되면 호기심이 발동해서 올라가고 싶어지죠. '직접 돌려 보세요.' 라는 문구도 있어요.

대부분의 전시회는 만지지 말고 '눈으로만 봐 주세요.' 인데, 이곳은 직접 작동시켜 보라고 합니다.

이러한 미술을 '키네틱 아트(Kinetic Art)' 라고 하며, '실제로 움직임' 이라는 그리스어에서 비롯된 용어예요. 간단하게 말해서 '움직이는 미술' 이라고 할 수 있습니다.^^

키네틱 아트는 두 가지 특징을 가지는데, 하나는 작품이 자동적으로 움직인다는 것이고, 또 하나는 관람객들이 손으로 직접 조작할 수 있다는 것이에요.

시각적 착각, 환영 그리고 운동이 결합된 작품이랍니다. 과학 기술이 발달함에 따라 전기까지도 재료로 받아들인 것이랍니다.

예술가들은 세상의 모든 기술을 알아야 자기 작업을 표현하는 데 도움이 되겠지요. 그게 전기 설비일지라도 말이에요.^^

이런~ 사진인 줄 알았는데, 그림이네?
진짜보다 더 진짜 같은 그림 – 극사실주의

그림 바로 앞에 서기까지는 사진인 줄 알았는데, 가까이 가서 자세히 살펴보니 그림인 경우가 있지요.

그런 작품 양식을 '극사실주의(하이퍼 리얼리즘 Hyperrealism)' 라고 해요.

1970년대에 생겨난 이 양식은 회화 작품이나 조각 작품에서 여러 다양하고 평범한 소재들을 사진보다도 더욱 사실적으로 강조하여 표현해요. 그래서 다소 메말라 보이기도 하고, 인물의 경우 언뜻 보면 죽은 사람의 피부처럼 창백하게 묘사되기도 해요.

그림의 표현 대상을 보면 척 클로스라는 작가는 사람의 얼굴을 표현하고, 리차드 에스테드라는 작가는 거리를 묘사했어요. 상점의 유리창에 반짝이는 거리의 이미지를 묘사하기도 하고, 실제의 거리를 재구성하여 진짜보다 더 진짜 같은 풍경을 그리기도 했어요.

이 극사실주의 그림을 그리는 화가들은, 한 치의 오차도 허용치 않고 매우 엄격한 표현 방식을 사용해요. 많은 인내력이 필요한 작업이라 한 작품을 그릴 때 시간이 오래 걸릴 수밖에 없어요.

사진 기술이 들어오면서 똑같이 그리는 것이 아무 의미가 없어진 이후로 회화에 대한 위기의식을 느낀 화가들은 그간의 그리기에 대해 생각하게 되었다고 앞에서 이야기했지요. 이는 화가들에게 농부가 밭을 갈아엎듯 새로 시작하는 계기가 되었답니다.

화가들은 추상화 과정을 겪게 되고, 이후 다양한 재료로 어디까지가 순수한 예술인지 모를 상황으로 흘러갔는데, 다시 옛 향수에 젖듯 요즘 극사실주의가 부활하는 느낌입니다.

다만 사실보다 더 사실적인 이 그림 그리기에도 작가마다 다양한 소재와 표현법이 있는데, 회화를 밀어냈던 사진기에 담아낸 것 같은 표현 기법들이 많이 사용되고 있군요.

세상 모든 것은 영원하지 않으며 돌고, 돌고, 돌지요.^^

팝콘처럼 톡! 톡! 튀는 미술
나도 가지고 있는데, 마릴린 먼로 셔츠 – 팝 아트

리움 미술관에서도, 인사동 쌈지길에도, 덕수궁 미술관에서도 '팝 아트', '앤디 워홀' 이라는 문구를 주제로 한 전시회가 열렸지요. 영화관에서 영화를 보며 먹는 팝콘이라면 몰라도, 알 듯 모를 듯한 이 팝 아트가 뭘까요?

글자 그대로 풀이해 보면 Pop Art는 Popular Art로서 '대중적 예술' 혹은 '대중 친화적인 예술', '인기 있는 예술' 정도로 해석할 수 있습니다.

물질이 풍족하게 넘치는 도시 환경에 그 기본 뿌리를 두고, 예술이 대중 친화적으로 다시 태어난 것이지요.

그래서 팝 아트의 작품 소재도, 주제도 모두 고상하기보다는 화려하며, 상업적이고, 대량 생산이 가능하도록 하여 대중들이 참여할 수 있으며, 그렇게 어렵지 않은 표현 방식을 사용하고 있어요.

통조림, 상업적인 포스터, 일러스트를 사용한 티셔츠, 인기 스타가 그림의 소재가 되기도 해요.

팝 아트의 기본적인 생각

- 대중성(popular: 대중들을 위한)
- 일시성(transient: 단순한 표현법)
- 소모적(expendable: 쉽게 잊혀질 수 있는)
- 싸구려(low cost)
- 대량 생산(mass produced)
- 젊음(young), 재치 있는(witty), 성적인(sexy)
- 수익성 있는(big business)
- 풍만한(glamorous)

팝 아트는 말 그대로 달콤한 팝콘만큼이나 톡톡 튀고, 매력 있는 예술 장르랍니다.

영국에서 처음 생겨나기는 했지만 미국에서 국가적 관심과 사회의 긍정적 반응에 힘입어 발달하였고, 지금은 팝 아트의 발원지가 미국인 것 같은 느낌마저도 들어요.

미국 팝 아트의 세계화 일등 공신은 미술 전공자가 아니어도 다 아는 앤디 워홀인데, 그는 이런 말을 했어요. "예술은 돈이다. 돈 버는 것도 예술이다." 그래서 예술 작품을 공장에서 찍어 내서 흔하게 만들었고, 싼 값에 누구라도 살 수 있게 만들었어요.

팝 아트는 혼자 고뇌하는 고상한 미술, 순수한 미술 형태를 버리고, 돈 벌기 수단으로 역할이 바뀐 것 같은 인상을 주지만 모두 장·단점이 있습니다.

이런 식의 미술이라면 더 이상 배고픈 화가는 없을 것 같기는 하네요.

앤디 워홀, 〈마릴린 먼로〉, 1967년, 실크스크린, 91.5×91.5cm, 호암 미술관 소장

우와, 모니터가 움직이는 그림이네요?
텔레비전, 미술과 만나다 – 비디오 아트

비디오 아트(Video Art)는 기존의 미술이 표현 재료로 삼았던 그림물감이나 캔버스, 조각용 돌이나 나무를 사용하는 대신에 우리와 친숙한 텔레비전을 사용하는 예술입니다.

텔레비전의 모니터 모양은 조각과 비슷한 역할을 하고, 텔레비전 영상은 움직이는 그림이 됩니다. 비디오 아트는 전자 기술과 예술을 접목시킨 새로운 형태의 예술 장르이지요.

하지만 상업적인 대표 이미지로의 텔레비전 문화와 비디오 아트는 서로 상반되는 성격을 가지고 있답니다. 비디오 아트의 창시자는 우리나라의 백남준(1932~2006년)인데, 그는 일본에서 문학과 미술사, 그리고 현대음악을 공부했고, 독일에서는 현대음악과 전위예술을 공부했습니다.

시대를 앞서간 열정의 예술가 백남준에게, 1960년대 등장한 텔레비전은 미술도 되고, 음악도 되며, 무용도 되는 마술과 같은 꿈의 재료였겠지요.

비디오 아트의 좀 더 쉬운 이해를 위해 간단히 분류하여 설명을 하자면 비디오테이프, 비디오 조각, 비디오 퍼포먼스로 나눌 수 있어요.

비디오테이프는 비디오카메라로 촬영한 비디오 영상물(작가가 전달하고자 하는 이미지)을 가리키고, 비디오 조각은 비디오 영상을 담은 모니터(수상기)를 조각처럼 물체로 사용하고, 비디오 퍼포먼스는 비디오에 기록된 퍼포먼스나 비디오 기술을 사용하는 특수한 퍼포먼스를 말합니다.

백남준은 비디오테이프를 만들고, 수상기로 비디오 조각도 만들며, 비디오 퍼포먼스도 하였던 만능 비디오 예술가입니다.

그의 작품은 국립현대미술관 1층(다다익선), 포스코빌딩 1층(텔레비전 나무와 텔레비전 깔때기), 아트선재미술관 1층(고대기마인상) 등 큰 미술관이나, 대기업의 1층 로비에서 어렵지 않게 만날 수가 있어요.

백남준에게는 좋은 친구들이 참 많았는데, 그들과 더불어 작품을 더 훌륭한 예술로 승화시킬 수 있었답니다. 그는 언제나 '만남의 신비'라고 말하며, 사람 만나는 것을 좋아하고 자기가 유명해진 것도 친구들 덕분이라고 말했다는군요. 그의 친구들도 백남준처럼 유명한 사람들이 많습니다.

존 케이지(1912~1992) 아름다운 화음보다는 우연히 발생하는 소음이나 침묵까지도 음악이 될 수 있다고 말한 미국의 작곡가이며, 백남준의 스승이자 친구였어요.

요셉 보이스(1921~1986) 독일의 전위예술가이자 백남준에게는 분신과 같은 친구로 1986년 서울 아시안게임 때 함께 공연도 했어요. 그가 세상을 떠나자 서울 갤러리 현대에서 추모굿을 했지요.

샬롯 무어맨(1933~1991) 미국의 아방가르드 첼리스트. 강한 실험정신으로 1964년부터 백남준과 함께 미국과 유럽의 여러 나라에서 다양한 공연을 했어요. 그녀가 세상을 떠나자 백남준은 뉴욕 센트럴파크에서 추모굿을 벌였어요.

머스 커닝햄(1919~) 미국 제일의 전위 무용가로, 춤추는 머스 커닝햄은 백남준의 비디오테이프 단골 출연자랍니다.

낯익네, 어디서 봤더라? 아! 학교 문방구!
〈소머리에 꼬여드는 파리〉, 〈죽은 젖소 12등분〉의 작가, '데미안 허스트'

일반인에게는 다소 생소한 이름, 그러나 미술계에서는 시끄러운 '데미안 허스트'.

그의 엽기적이고 괴기스러운 신작들은 발표될 때마다 최고가를 기록하여 9시 뉴스와 인터넷의 히트 뉴스를 장식하기 때문에, 그의 이름은 몰라도 그의 작품을 아는 사람들은 아주 많을 거예요.

'의학과 미술과의 접목', '죽음에 대한 새로운 인식'이라는 작품 평을 받고 있는 작가랍니다.

그는 동물을 세로로 잘라 방부처리하여 투명상자에 넣었어요.

상어, 돼지, 젖소, 물고기…….

그렇다면 그는 왜 이렇게 죽은 동물들의 시체로 작업을 하는 걸까요?

세상에는 미술 재료로 사용하기에 아주 재미있고 아름다운 재료들도 많고, 작품의 표현 주제도 죽음 이외에 참 다양한데 말이지요.

얼마 전에는 사람의 해골 전체에 그 비싼 다이아몬드를 꼼꼼하게 붙여 〈신의 사랑을 위하여〉를 발표해서 사람들을 놀라게 했고, 이것도 역시 아주 비싼 가격에 팔렸으니, 그의 작전이 성공한 것이지요. 아무래도 그는 쇼맨적인 기질이 많은 것 같아요.

데미안 허스트는 대학 다닐 때 시체 영안실에서 아르바이트를 하며 죽음을 만났다고 합니다. 그것이 작품으로 연결되었는데, 작품을 위해 해부학과 병리학을 공부하여 예술과 과학의 미묘한 경계에 서게 된 것이지요.

대부분의 사람들이 그러한 것처럼 작가들도 자기가 과거의 시간 속에서 경험한, 그것이 아름다운 경험이었든, 슬프고 고통스러운 경험이었든, 색다르게 경험한 것에서 작품의 소재를 찾는답니다.

우리는 끊임없이 약을 먹으며 살기 위해 발버둥 치지만, 결국은 죽음으로 가는 길에 서 있음을, 데미안 허스트는 작품으로 보여 주고 있습니다.

그의 작품과 작업 노트를 들여다보면 공포스러운 것이, 살아가고 있는 삶인지 아니면 영혼이 떠나 빈 육체로 썩어 가는 죽음인지 애매해지는 것 같아요.

오늘 동네 문방구에 갔다가, 데미안 허스트의 그 다이아몬드를 박은 해골작품 〈신의 사랑을 위하여〉가 아이들 놀잇감으로 변해 있는 것을 보았어요.

어느새 이렇게 우리 아이들은 미술 교과서와 학교 앞 문방구에서 직·간접적으로 난해한 현대미술에 노출되고 있었던 것이지요.

실제 작품은 수천억 원에 거래되고 있는데, 우리나라의 문방구 업계에서 그의 이미테이션 작품이 3천 원에 팔리고 있더라고요.^^*

청계천에 35억짜리 다슬기가 있다고요?
전시장 밖 전시장, 특종 기사 속 작품들

여러분은 청계천에서 35억짜리 작품을 감상하셨나요???
빨강, 파랑 꽈배기 같기도 하고, 소라 고동 같기도 한 그 작품. 네, 맞네요.

대부분의 사람들이 전시장 속에서 하는 전시회는 입장료를 내고라도 들어가서 보지요. 그런데 전시장 밖의 공공 미술에도 생각보다 훨씬 많은 거장들의 작품이 있답니다. 이러한 사실을 모르는 사람들은 그냥 길거리에 솟은 조각품쯤으로 보고 지나칠 수밖에 없겠지요? 청계천, 여러 미술관 밖, 백화점 입구, 아파트 단지 입구, 대기업 회사 건물 입구 등등…….

※위 사진은 본 내용과 관련이 없음

클래스 올덴버그, 〈스프링〉

클래스 올덴버그의 〈스프링〉 : 35억 원

청계천(광화문 사거리 쪽)에 놓인 이 작품은 처음에는 대서양의 조개를 디자인했다 하였는데, "서울 청계천에 한 번도 안 와 본 작가가 무슨 공공 미술 상징 조형물이냐."라는 비난이 거세지자 '다슬기'를 조형화한 것이라고 말을 바꾸는 해프닝이 있기도 했습니다.

루이스 부르주아, 〈스파이더〉

루이스 부르주아의 〈스파이더〉 시리즈 : 40억 원

서울 한남동 '삼성 리움 미술관'과 '신세계 백화점' 본점 6층 옥상에 각각
놓인 이 두 마리의 거미는 합쳐서 40억 원입니다.

※위 사진은 본 내용과 관련이 없음

데미안 허스트, 〈체러티〉

데미안 허스트의 〈체러티〉 : 26억 원

천안 아라리오 갤러리 앞에는 자선 모금함을 든 불쌍한 소녀가 부러진 다
리로 서 있어요.

프랭크 스텔라, 〈아마벨〉 ※위 사진은 본 내용과 관련이 없음

프랭크 스텔라 〈아마벨〉 : 16억 원

서울 삼성동 포스코센터 앞에 설치된 아마벨은 세상의 산업 폐기물을 다 모아 놓았느냐는 비판이 거세지자, 나무를 심어 눈 가리고 아웅하는 식으로 가려 놓았어요.

　물론, 특종 기사 속 작품들은 하나같이 '억' 소리 나는 해외 작품들이니, 그럴 만한 가치가 있는지에 대해 의문을 제기하고 있지요. 여러분들도 그곳을 지나가게 되면 한번 감정해 보세요.^^

낙서쟁이 저 꼬마, 혹시 미래의 멋진 화가?
낙서도 고급예술 – 컬리그래피 아트

도시의 작은 길모퉁이나, 지하도를 건너다 보면 스프레이로 그린 거리의 낙서를 자주 보곤 해요. 도시의 벽화가 삭막한 도시 풍경을 조금 미화시키면 좋겠는데, 우리가 만나는 거리 낙서의 원색적인 색감과 휘갈겨 그린 그림은 혐오스럽기까지 하지요.

하지만 그 낙서들은 몇몇 예술가들에 의해 저속한 이미지를 벗고 조금은 정돈된 이미지로 고급예술이 되고 있어요. 대중성을 띤 팝 아트의 등장 이후 미술은 더 이상 심각하고 난해한 영역이 아니라, 미술 전공자가 아닌 어린이나 일반 대중들도 쉽게 생각하고, 접할 수 있게 되었어요.

대중들의 미적 구매력에까지 영향력을 주어 집에 걸어 놓을 수도 있는 예술이 된 것이지요.

이런 흐름과 함께 컬리그래피 아트(Graffiti Art)는 원색적인 색감과 자유로운 드로잉을 통한 추상회화로 등장했어요.

미셸 바스키아라는 작가의 그림도 그렇고, 키스 해링의 그림도 그러하답니다. 그림 스타일이 워낙 자유롭고, 우리가 일상에서 자주 접하는 것 같은 편안함을 주어서 그런지, 지난해 국제 갤러리에서 열린 바스키아의 작품 전시회 때 보니, 관람객이 굉장히 많았고 두 번 정도 봤다는 사람들도 있었어요.

미셸 바스키아는 뉴욕 빈민가의 할렘 문화 속에서 나고 자랐는데, 그의 작품은 수많은 거리의 벽화와 낙서들이 즐비한 뉴욕의 흑인 거주지인 할렘적 특성이 짙어요. 그는 자기의 이런 소외된 하층적 내용과 형식을 정돈하여 고급예술로 올려놓았고, 본격적인 화가로서의 이력은 약물중독으로 27세로 요절하기까지 약 9년 동안이지요. 딱딱한 격식의 회화 그림이 아

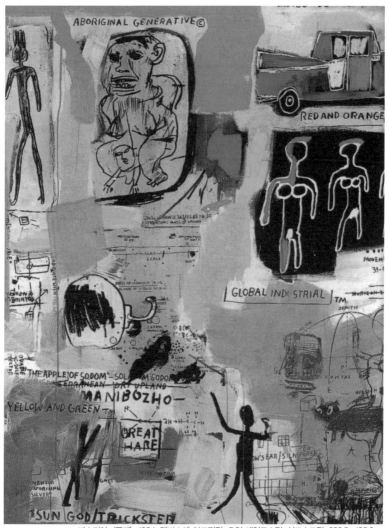

바스키아, 〈무제〉, 1984, 캔버스에 아크릴릭, 오일 페인트스틱, 실크스크린, 223.5×195.6cm

닌, 어린이들의 낙서와 같이 휘두르는 터치의 자유로운 그림을 그리고 여행을 좋아하며 많은 책을 탐독한 것으로 알려진 그에게 수많은 열렬 팬들이 있음은 당연한 듯합니다.

유명한 팝 아티스트인 앤디 워홀도 그의 그림에 흠뻑 빠졌었답니다.

키스 해링의 경우는 설화나 신화 등에 근거를 두고, 그래피티 아트와 성적 표현이 노골적이고 유머러스한 카툰의 양식을 취한답니다. 색감 표현에 있어서도 다양한 색을 사용하는 대신 빨강, 파랑, 노랑 등 지극히 한정된 색을 사용하는데, 그만의 스타일이 젊은 층에서 인기를 얻어 미술관 아트샵이나 일반 팬시점에서 일상 생활용품으로 만날 수도 있답니다.

현대미술은 우리를 여러 방법으로 당황하게 하지요. 뒷골목 담벼락에서 만난 듯한 그래피티 아트도 작가들의 철저한 표현법 연구와 동시에 인종차별, 빈부의 격차, 성적 차별 등 사회 문제까지도 코믹하고 밝게 표현해내는 치밀한 계획에 의해 탄생된 미술의 한 종류랍니다.

미술 교과서를 들고 떠나 보세요~
우리나라는 지붕 없는 대형 미술관

앞에서도 수십 억 하는 외국 작가의 작품들이 우리가 오고가는 거리나 혹은 건물 앞에 의미도 없이 설치된 이야기를 했지만,

주말 나들이를 할 때 실내 미술관이 답답하다면 아이들의 미술 교과서나 사회 교과서를 하나 챙겨 어디론가 출발해 보세요. 우리나라의 오천 년 역사가 말해 주듯이 우리나라 전체가 지붕 없는 대형 미술관이요, 박물관이랍니다.

서산마애삼존불상, 백제, 국보 제84호, 충남 서산시 운산면 용현리 2-1

예를 들어, 서산에 가면 백제 불상 중 최후의 걸작이라는 백제의 미소, 〈서산마애삼존불상〉이 있지요.

그 앞에서 보면 보는 사람의 각도에 따라 불상의 시각적 아름다움을 다르게 느낄 수 있어요. 고부조로 아래쪽은 입체감이 옅어지고, 위쪽으로 갈수록 입체감이 강해져요. 또, 동이 터올 때의 미소는 정말 백만 불짜리랍니다. 따뜻한 미소나 자연스러운 곡선에서 한국적 인간미의 부드러운 조형감을 느껴 보세요.

참고로 아이들에게 "서산마애삼존불상에서 '마애'는 '바위를 깎아 만든 불상'을 뜻한단다. '서산'은 지역 이름이고. 하나도 안 어렵지?" 하고 말해 보세요.

또, 고궁에 가서도 멋들어진 건축 예술 작품을 눈으로 볼 수 있는 여러 부분을 가족들과 아는 만큼 이야기할 수 있어요.

예를 들어, "지붕 밑 단청도 목조 건물에 상징적 문양을 화려한 고채도의 색상으로 칠하여 목재를 보호하고 장식하는 것이란다. 단청의 기본 색은 다섯 가지로 빨강(불), 초록(나무), 노랑(흙), 검정(물), 하양(금)이고 이를 혼합해서 단청의 수많은 색을 낸단다. 5행 사상은 현세의 강녕과 내세의 기원을 담는단다." 하고 말해 주세요.

 꼭 멋있게 지어진 미술관의 작품이 아닐지라도, 세상

의 모든 것이 보려는 마음에 따라서 나름의 의미를 담은 예술 작품입니다. 우리가 전시장에서 격조 있게 만나는 작품들도 이 모든 자연의 어우러짐, 사람과 사람 안에서 각각 자기가 본 것을 나름대로의 소통 방식으로 승화시킨 것이지요.

그림을 그리는 사람이 만 권의 책을 읽고, 세상을 두루두루 살펴볼 때 깊은 울림이 있는 작품을 탄생시키듯, 작품을 보는 이 또한 만 권의 책을 읽고 세상을 두루두루 돌아본다면, 작품이 갖는 격을 제대로 이해 할 수 있게 될 거예요.

도록에 이런 단어 꼭 있다!

작품보다 더 어려운 작품 용어

마티에르 그림에 물감을 흙벽과 같이 덧발라 두텁고 거친 질감이 느껴지는 표현법.

일루젼 그림 표현법 중, 원근법과 같이 실제보다 더 실제 같은 표현을 위해 사용하는 환영을 일으키는 표현법.

아우라 그 작품만이 갖는 고고한 정신성.

쉬포르 쉬르파스 캔버스를 감싸고 있던 액자를 해체하여 천만 남기는 방식의 예술운동.

아방가르드 전위예술을 뜻함. 전위라는 말은 맨 앞에서 싸우는 군인을 가리키는 군대 용어. 예술에서의 전위라는 말 역시 가장 앞선 새로운 예술을 뜻하며, 전위 예술가는 남보다 미리 보고 깨달아서 실천하는 용기 있는 예술가.

에콜 드 파리 1차 세계대전 후와 2차 세계대전 중에 파리에서 활동했던 유대인들을 중심으로 구성된 외국인 화가들을 지칭하는 용어. 그들은 특별한 장르나 양식(ism)에 속하지 않고, 자기의 독특한 개성을 유지하였음. 작가로는 샤갈, 모딜리아니, 수틴, 키스링, 파스킨 등.

앵포르멜 회화 비정형이라는 의미. 유럽의 세계 1,2차대전을 겪은 후의 사회를 대표했던 전쟁의 폭력성과 야만적인 정서를 그림으로 반영했던 미술운동. 이념적 배경으로는 사르트르의 '인간중심적인 사상', 니체의 '인간성 상실에 대한 경고'를 들 수 있음. 대표 예술가는 장 뒤뷔페.

아쌍블라주 콜라주 기법. 모으거나 축적하는 방법을 통한 예술 작품.

리버스 아쌍블라주 아쌍블라주의 반대 개념. 부수는 퍼포먼스 행위의 예술.

플럭서스 1960년대 초 발생했던 독일의 전위예술 그룹을 지칭하는 용어. 흐름, 끊임없는 변화, 움직임 등을 뜻하며 전통적인 예술과는 전혀 다른 자신의 이념을 전달하고자 했던 예술가들의 집단을 지칭.

인바이런먼트 주변 환경에 특수한 예술 작품을 설치하여, 관객들이 관람하도록 계획된 작품의 유형.

오브제 이미 만들어진 기성품을 작가가 의미를 부여하고 선택하여 작품 안으로 들여와 사용한 것. 예로 마르셀 뒤샹이 변기로 만든 작품 〈샘〉, 피카소가 자전거 손잡이로 만든 작품 〈소뿔〉.

모더니즘 1870~1960년대 현대미술 사상으로 이전의 예술이 사회적 이용도

구로의 예술이었다면 이 시기는 '예술을 위한 예술', 고급예술을 지향하며, 화가들은 순수지향적 미술의 조형 요소를 연구하고 표현하는 추상회화의 성립 시기.

포스트모더니즘 1970년 이후의 현대미술 사상. 모더니즘이 미술만을 생각하는 사상이었다면, 포스트모더니즘은 미술에 사회적 개념을 접목. 한 예로 모더니즘의 정물화는 빨갛고 맛있는 사과라면 포스트모더니즘의 정물화는 벌레 먹은(사회문제에 대한 작가의 의견을 표출한) 사과.

인스톨레이션 설치 작품. 오브제를 포함한 여러 사물이나 물건, 그리고 창작물들을 다양하게 표현하여 설치하는 예술. 많은 현대미술이 이 설치 방법을 사용.